アクティブラーニングで学ぶ
コミュニケーション

八代京子〔編著〕
樋口容視子・日下啓・勝又恵理子〔著〕

研究社

はじめに

　今ほど多くの人びとにコミュニケーション能力が必要とされる社会があったでしょうか。交通、通信、経済が人びとの相互交流、相互依存を促進し、私たちの日常生活は多様な人びととのやりとりで満ちています。年齢、性、職業、宗教、文化、歴史の違いはいろいろな考え方、感じ方、行動の仕方を生みます。多様な個性を持つこれらの人びとが共に生きていくには、お互いに伝え合い、わかり合おうとしなければ混乱と衝突が生じます。ことばが少なくてもわかり合える同質性の高い社会は過去のものとなりました。これからの社会では、自分の考えをことばや表情、身振り、手振り、行動などで相手にわかるように積極的に伝えていく責任がありますし、自分とは異なる考え、感じ方、行動の仕方を受け止め、理解しようとする態度がなければ生きていけません。"言えばわかってもらえる"レベルではなく、"わかってもらえるまで言う、伝え合っていく"というプロセスを通して共生の道を見つけていくということです。まさに、コミュニケーション能力に私たちのサバイバルがかかっていると言っても過言ではありません。

　ところが、家庭でも、学校でも、企業、社会でもコミュニケーションの大切さが認識されている割には、コミュニケーション力の学習と練習の機会が提供されていません。特別に意識的に訓練しなくても自然に身につくという思い込みが根強く残っているからでしょうか。でも、本当は、コミュニケーション力はたゆまぬ練習と工夫で身につけていくもので、子どものころから死ぬまで磨きつづけるものです。一生続けるものですから、楽しくなければ続きません。幸いにコミュニケーションがうまくいくと、喜びや達成感、よい人間関係をもたらします。だれでもわかり合えるとうれしいものです。成功体験を増やしていきましょう。

　本書では、学習と練習を重ねて、コミュニケーション力を楽しく習得できるアクティビティを紹介しました。「第1部 概論」では、必要な理論を解説し、アクティビティは「第2部 ウォームアップ・アクティビティ」「第3部 グループ・アクティビティ」「第4部 シミュレーション」の3つに分けて、短い時間でできるやさしいものから、半日以上かかる複雑なものまで含めました。それぞれのアクティビティは、アクティビティをリードする人（ファシリテーター）が使いやすいように、手順を時系列で詳しく説明しています。そして、アクティビティの目的、受講対象者年齢、人数、教室の大きさ、レイアウト、備品、配布資料、振り返りの質問例、受講者の感想などを載せています。注意点やアドバイスも随所に加えました。また、各部にはイントロとしてその部に含まれるアクティビティの簡潔な紹介文を載せているので、自分の目的に合ったアクティビティを選択できます。第4部の末尾には、ファシリテーター用の実施後のチェックリスト、シミュレー

ション関連のゲーム分類表を、巻末には参考文献などを示しましたので、ファシリテーションの改善、そしてさらに詳しい情報を得るのに活用してください。

　私たちは全員、異文化コミュニケーション学会(Society for Intercultural Education, Training and Research Japan、略してSIETAR Japan)の会員です。長年にわたり、学校教育と企業研修の現場でアクティビティをファシリテートしてきました。本書には私たちが共同で作ったアクティビティも含まれていますが、ほかの多くのアクティビティは世界各地の講師の方々およびファシリテーターの方々が工夫を重ね使用してきたものを共有財産として提供してくださったものです。私たちはこれらの先人たちに心より感謝しています。そして、知恵と工夫を加えて行なったアクティビティを内外で開催される学会や研修会で報告し、公開しています。読者の皆さんも、ここで紹介されているアクティビティに工夫を加え、より現場に合った効果的なものにしていっていただけると幸いです。

　本書は長年にわたり楽しくかつ効果的なアクティビティを紹介する案内書を世に出したいと夢見てきた私たちの願いがかなった結果です。この夢をかなえてくださった研究社の濱倉直子さんと鈴木美和さんに心から感謝申し上げます。適切なアドバイス、丁寧な校正と編集、数々の励まし、本当にありがとうございました。

2019年2月
著者一同

本書の使い方

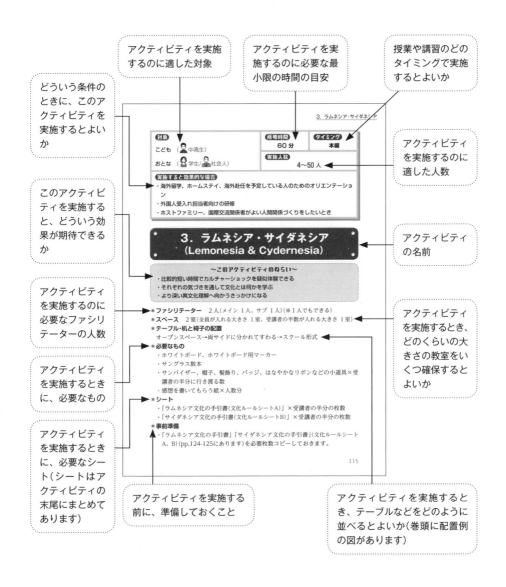

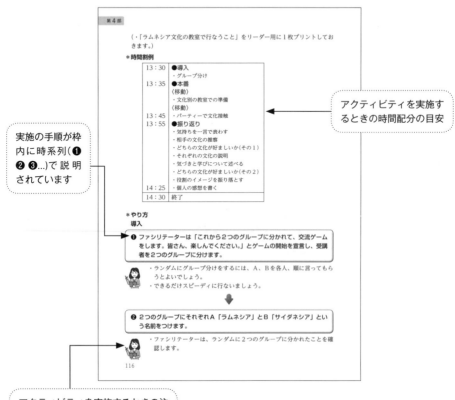

テーブル・机と椅子の配置

オープンスペース

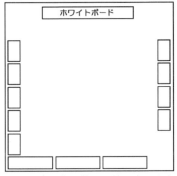

※テーブル・机と椅子は端に寄せます

スクール形式

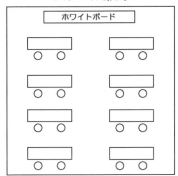

島型形式(机あり)

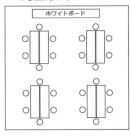

島型形式(机なし)

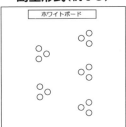

椅子で輪に

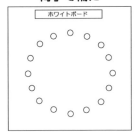

ペア形式

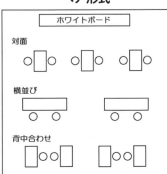

会議形式

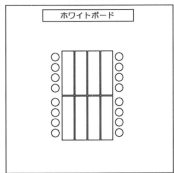

目　次

はじめに ……………………………………………………………………… iii
本書の使い方 ………………………………………………………………… v
テーブル・机と椅子の配置 ………………………………………………… vii

第1部　概論 …………………………………………………………… 1

1. コミュニケーション力は必須 ……………………………………… 2
2. アクティブラーニング ……………………………………………… 4
3. コミュニケーションの定義 ………………………………………… 5
4. コミュニケーションのための心構え ……………………………… 7
5. 学習方法と条件 ……………………………………………………… 9
6. 振り返りの重要性 …………………………………………………… 10
7. ファシリテーターの役割 …………………………………………… 12
8. 学習効果 ……………………………………………………………… 13
9. 背景にある諸理論 …………………………………………………… 14

第2部　ウォームアップ・アクティビティ ……………………… 27

1. イントロダクション・ゲーム ……………………………………… 28
  ① 「決めポーズ」で自分の名前を言う …………………………… 28
  ② その他の「イントロダクション・ゲーム」…………………… 31
　　　輪を作る／ボールや小物を使う／クッシュボールを使う
2. 体を使って遊ぶ ……………………………………………………… 32
  ① 体ほぐし体操 ……………………………………………………… 32
  ② 歩きまわる ………………………………………………………… 35
  ③ その他の「体を使って遊ぶ」…………………………………… 37
　　　曲の振り付けをする／風船を使う1／風船を使う2
　　　歩きながらグループを作る／フルーツバスケット
3. お互いを知るために（自己開示）………………………………… 39
  ① 未来を演じる(再会) ……………………………………………… 39
  ② その他の「お互いを知るために」……………………………… 42
　　　ポイントを絞った自己紹介／他己紹介／複数の他己紹介
　　　グループで自己紹介／共通点探し1／共通点探し2

　　　　イマジネーションで遊ぶ自己紹介／別人になって自己紹介
　　　　違う年齢の自分として自己紹介／あこがれの人になって自己紹介
　4．感情の表現 ·· 46
　　① 感情を顔で表現する ·· 46
　　② その他の「感情の表現」 ·· 49
　　　　いろいろな声で感情を表現する／感情あてゲーム
　　　　ジェスチャー伝達ゲーム／ジブリッシュ（デタラメ語）
　5．共同作業 ·· 51
　　① 共感して聴く ·· 51
　　② ２人で描く「マイハウス」 ··· 55
　　③ その他の「共同作業」 ··· 58
　　　　ミラーエクササイズ

第3部　グループ・アクティビティ ································· 61

　1．バック・トゥ・バック ··· 64
　2．ズーム ·· 68
　3．ストーリーテリング ·· 74
　　　［その他のストーリーテリング］
　　　　みんなで作るストーリー／おとぎ話新バージョン／自分のストーリー
　4．ワカジャリー ··· 80
　5．最も幸せなとき ··· 90

第4部　シミュレーション ··· 99

　1．国際会議のコーヒーブレイク ·· 104
　2．バルーンバ文化を探れ ··· 108
　3．ラムネシア・サイダネシア ·· 115
　4．宇宙への旅 ··· 128
　5．エコトノス日本語短縮版 ··· 140
　シミュレーション実施後のチェックリスト ······································· 151
　参考 ··· 153

参考文献 ··· 155
著者紹介 ··· 161

第 1 部

概論

1. コミュニケーション力は必須

　私たちは生まれてから今日まで毎日コミュニケーションをしています。コミュニケーションは生きるのに不可欠な行動です。なぜなら、人はひとりでは生きていけない生物ですから、常に他者との関係を築き、維持し、発展または終了させる必要があります。この作業はコミュニケーションによって行なわれています。毎日行なっているコミュニケーションですが、「私はコミュニケーションがうまい」と自信をもって言える人は少ないのではないでしょうか。むしろ、コミュニケーションがうまくいかなかった事例がたくさん思い出されるのではないでしょうか。求職中の20代に習得したい能力は何かを問うた結果、トップに来たのは「コミュニケーション能力」です（表1参照）。企業が新人を選考するときに重視した点も、「コミュニケーション能力」が飛びぬけて高いのです（表2参照）。

　このように現代人に必須のスキルであるコミュニケーション能力ですが、どうしてそう簡単に身につかないのでしょう。いろいろな理由があると思いますが、1つにはことばが話せればコミュニケーションができるという思い込みではないでしょうか。確かに、ことばがなければコミュニケーションは困難ですが、コミュニケーションはことばおよびその他の多くの要素が複雑に絡み合った総合的なプロセスであることを知る必要があります。また、知るだけでなく実際に行動

表1　習得したい能力

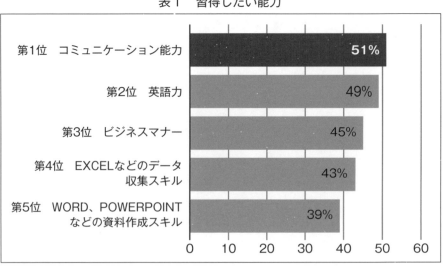

(求人サイト「[en] チャレンジ！はた☆らく（現在は「エンバイト」）」(http://hb.en-japan.com)が、サイト利用者の20代313名を対象に行なった「2015年に身につけたい能力・知識」についてのアンケート調査（複数回答可）より作成)

で実践できることがさらに大切です。コミュニケーションがうまくいくには、辞書に書かれた意味のやりとりだけでは不十分で、話し手と聴き手の間で共通の意味を創造する必要があります。この点は、異文化コミュニケーションの分野では早くから認識されていました。

今日までコミュニケーションに関する研究、理論、トレーニングが数多く発表され（石井・岡部・久米(1996)、西田・西田・津田・水田(1989)、八代・町・小池・吉田(2001)、日下(2011)、八島・久保田(2012)、鈴木(2017)）、国際コミュニケーション力を育成するために教育現場だけでなく、職場でもいろいろな研修、フィールドワーク、留学プログラムが行なわれてきました。しかし、必須とされる知識量が増加する過程で、知識が重視され、実践がおろそかにされる傾向も生じました。教育現場では、知識を覚えさせる、どれだけ覚えたか試験する、暗記、記憶することがメインになり、主体的に人と交わり、自分で問いを発し、回答を求め思考する、創造する時間がほとんどなくなってしまいました。知

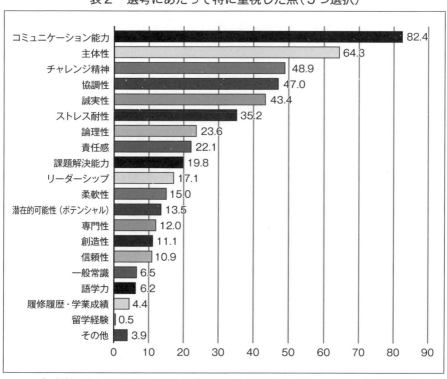

表2　選考にあたって特に重視した点（5つ選択）

（一般社団法人 日本経済団体連合会「2018年度　新卒採用に関するアンケート調査結果」より）

識の伝達だけでは、実践力は身につきません。英語の文法と単語はある程度知っているけれど、うまくコミュニケーションに使えないとくやしい思いをしている人はたくさんいます。最も残念なのは、知識の切り売り教育によって自分で発見、発想、実験試行する、といった学ぶことに伴う喜びが大幅に削減されてしまったことです。そして最近 気になるのは、ウェブから得た情報をコピーペーストしたり、ITやSNSのバーチャルなやりとりに依存しすぎたりで、フェイス・トゥ・フェイスでコミュニケーションしたいという気持ちがわいてこないという人が増えてきたことです。

2. アクティブラーニング

　教育効果が思うように出ない中で、教育方法のあり方に関心が高まり、教師から生徒への一方向の知識伝達ではなく、学習者が能動的にかつ主体的に学ぶ機会を与えると学習効果が上がることに注目が集まるようになりました。学習者にとって能動性と主体性は本来不可欠な要素であると再認識されたと言えるかもしれません。2012年、中教審の答申にアクティブラーニングが登場し、その後 盛んに取り上げられるようになりました。教育に知識伝達が必要ないということではありません。知識伝達と共に学習者主体の行動を伴う体験的な学習も必要であるということです。溝上(2014)はアクティブラーニングを次のように定義しています。「一方向的な知識伝達型講義を聴くという(受動的)学習を乗り越える意味での、あらゆる能動的な学習のこと。能動的な学習には、書く・話す・発表するなどの活動への関与と、そこで生じる認知プロセスの外化を伴う。」(p.7)

　この定義にある「そこで生じる認知プロセスの外化を伴う」という部分はコミュニケーション力を習得するのに不可欠な要素です。溝上は認知プロセスとは「知覚、記憶、言語、思考(論理的/批判的/創造的思考、推論、判断、意思決定、問題解決など)といった心的表象としての情報処理プロセスを指す」と述べ、「このような情報プロセスが、学習者においては頭のなかで起こっている」としています(p.10)。ここで捕捉したいのは、このようなプロセスが、書く・話す・発表するというだけでなく、描く・歌う・演奏する・演じる・踊るなどの非言語コミュニケーションを含めた総合的なコミュニケーション行動で外化されることが重要であることです。

　アクティブラーニングをより深くとらえた松下(2015)はディープ・アクティブラーニングを提唱しています。それは、「学生が他者と関わりながら、対象世界を深く学び、これまでの知識や経験と結びつけると同時にこれからの人生につなげていけるような学習」(p.23)です。鈴木・久保田(2017)は協調的交渉論の授業で、教員と学生の双方向の対話を用いた講義、グループ作業、個別学習などの

多様な授業形式を用い、具体的な学習活動としては、ロールプレイ、シミュレーション、言語分析、事例分析、身体ワークなどを行なった結果を報告しています。鈴木は学生の発言、行動、ジャーナル(日々の内省の記録)を分析し、学生が自分自身の持つものの見方や考え方の前提に気付き、その前提に疑問を持ち、変えねばならない、変えたいと思い、新しいものの見方や考え方を学習し、変化したものの見方や考え方に基づく行動をとることができたと報告しています(pp.58-62)。このような深い学習が真に価値観や行動の変化をもたらし、これからの人生につながっていくには、実生活の中で深い学習が意識的に継続され、習慣的に行なわれることが大切です。

ここで、アクティブラーニングの特徴をまとめてみます。以下の項目を複数満たしていることが望ましいと言えます。①座学ではない。②学習者の主体的行動を伴う。③課題ベースPBL(problem-based learning　課題解決型学習)である。④ペアワーク、グループワーク、シミュレーション(疑似体験学習)、フィールドワークなどを伴う。⑤学習者間のインタラクションとコミュニケーションが不可欠である。⑥活動の振り返りの時間と場を共有する。⑦教室内外での連動した活動である。⑧教師は活動と認知プロセスのファシリテーターである。⑨頭、心、体を総動員するホリスティック(包括的)な学習である。⑩今後の自分の生き方にどのような変化をもたらすか具体的に考えてもらう。

コミュニケーション・トレーニング、特に異文化コミュニケーション・トレーニングの分野では、疑似体験を用いた研修が盛んに行なわれてきました。1979年には*A Manual of Structured Experiences for Cross-Cultural Learning*が出版されました(Weeks, Pedersen & Brislin 1979)。皆さんが今、目にされているこの本で紹介されているアクティビティ(活動)は、アクティブラーニングの範疇に入るものばかりです。これらのアクティビティが用いられるのは、コミュニケーション能力は知識だけでは使いものにならないことが実体験から明らかだからです。

3. コミュニケーションの定義

ここからは、コミュニケーションに焦点をあてて見ていきます。人はそれぞれ個性があり、生まれ育った環境が異なります。同じ国民であっても、習慣や価値観に大なり小なり違いがあります。人はそれぞれの文化背景を持っていると言えます。したがって、コミュニケーションしたつもりでも、なかなか自分の思ったように人はわかってくれないし、反応してくれない、ということが起きます。八代・吉田・鈴木(2008)は日本で働くビジネスパーソンに「異文化を感じるときはどんなときですか？」と聞きました。その結果、すべての回答者が「外国人と

接触したとき」と答えましたが、同時に「日本人でも職種、職位、年齢、過去の経歴、雇用形態が異なる人と接したとき」という答えが返ってきました。日本人ビジネスパーソンの間でも多様性が増し、コミュニケーションがむずかしくなっているのです。突きつめて言えば、コミュニケーションは多様な見方、考え方に対応するプロセスであると言うことができます。現代社会に生きる私たちは、多様性に対応できるコミュニケーションとはどのようなものなのかをもっとよく知ることが大切です。そうすることで、日常のコミュニケーション能力を高めることができます。

　コミュニケーションは情報交換だと言われますが、相手と自分が使っていることばの意味が一致していないと、情報交換は簡単には行なえません。他者とのコミュニケーションでは、まさに相手と自分が使っていることばもその意味も同じではありません。そのうえ、ことばの解釈に大きな影響を与える考え方や価値観も違うのです。バーンランド(Barnlund 1970)が提唱したコミュニケーション・モデルを使って説明しましょう(図1参照)。左右にある円がコミュニケーションを行なっている人を表わします。人の頭の中では伝えたいこと(メッセージ)が形成され、それが記号化されて、実線で示しているように「言語的手掛かり」やジェスチャーや表情などの「非言語的手掛かり」として意図的に表出されます。同時

図1　バーンランドのコミュニケーション・モデル

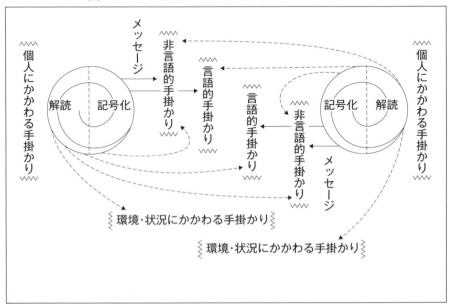

に、受け手は相手の「言語的手掛かり」と「非言語的手掛かり」を、点線で示しているように選択的に受け取ります。このほかにも「個人にかかわる手掛かり」、たとえば、寝不足ぎみの顔色や姿勢、「環境・状況にかかわる手掛かり」、たとえば、インテリアの照明、色彩、BGM、雑音などの情報も受け手側は選択的に受け取り、解釈します。この発信と受信はほとんど同時に行なわれます。受け取った手掛かりを解釈するのですが、この解釈の仕方も人によって異なります。話し手が意図したように解釈される保証はありません。ですから、当事者双方が、主体的に伝えたいこと（メッセージ）の形成と表出、受け取りと解釈、フィードバックを発信するというプロセスを繰り返すことにより、互いの意図することおよび意味することを理解しようとします。まさに、「今、ここ」の構築的なプロセスです。この作業はなまやさしいものではありません。コミュニケーションを通して共有できる意味を形成していくというプロセスは、時間と労力、知識、思考力、精神力、創造力、共感力、柔軟性、判断力を必要とします。

4．コミュニケーションのための心構え

　それでは、コミュニケーション能力を身につけるにはどうすればよいのでしょうか。過去においては、直接体験という手段が最も効果的だと言われていました。確かに直接体験はインパクトが大きいです。しかし同時にショック（精神的打撃）が非常に強いので、トラウマになり学習がうまくできなくなる場合もあります。自分が常識だと思っていたことがひっくり返される、真実と信じていたことが否定される、そのような経験は非常にこわいことです。その恐れがトラウマになってしまうのです。トラウマとまではいかなくても、知らない人とのコミュニケー

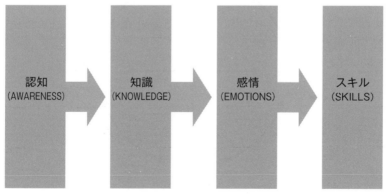

図2　ブリスリンと吉田の4段階モデル

ションは不安を伴います(西田・西田・津田・水田 1989)。そこで、他者との接触が恐れや不安をもたらすものではなく、理解、協働、肯定的な感情につながるためにはどのような点に注意しながらコミュニケーションをしたらよいのかが模索されるようになりました。ブリスリンと吉田は異なる文化背景(価値観、常識、行動様式など)を持つ人を理解し、共生できるようになるための4つの段階を提唱しています(Brislin & Yoshida 1994)。それらは、①異なる文化を認知する、②異なる文化に対する知識を習得する、③多様性に対する肯定的感情を養成する、④多様性に効果的に対応するスキルを習得する、以上4つの段階です(図2参照)。

　自分と異なる考え方ややり方が存在することを認知するためには、気づくというレベルから認知するというレベルにまで認識を深める必要があります。さらに、異なる考え方ややり方が自分の考え方ややり方と同じように存在価値のあるものとして受け止めることも必要です。注意したいのは、これは、同意したり、同化したりすることではないということです。別のことばで言えば、多様性を尊重するということです。多様性を尊重するためには、その内容を知る必要があります。私たちは、そのために本やウェブで情報を得たり、知識や経験のある人から話を聴いたりして、できるだけ偏りのない広い知識を習得するように心がけます。しかし、知識だけでは実際に多様な人と共に生活し仕事をするには不十分です。理屈を知っていても、実際にコミュニケーションを実践できなければ意味がありません。したがって次の段階、多様性に対する肯定的な感情を養成する必要があります。しかし、知識が豊富でも、その知識を相手に対する否定的な感情を正当化

図3　理解とスキル習得の循環モデル

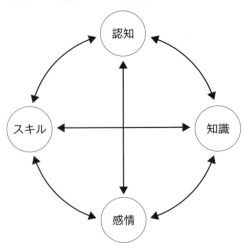

(鈴木有香と八代京子の2019年のダイアローグに基づいて作成)

するために使っては、かえって逆効果です。差別の心を捨て去って、受け止める心をはぐくむことが大切です。机を並べて仕事をしている相手に悪感情を持っていては、信頼や協力関係は築けないでしょう。したがって、肯定的な感情を持てるように、自分の心の持ちようをチェックし、コントロールする必要があります。そこで初めて、相手と効果的に信頼と協力関係を築いていくスキルや実践力を習得したいと思い、試行錯誤を重ねてることで、スキルを修得することができるようになります。

上記の4段階は直線的なプロセスとしてだけではなく、図3のような循環的プロセスとしてとらえなおすほうが実際の行動変容につながる学習モデルに近いと筆者は考えます。4つの要素は互いに影響し合い、深さと幅を拡大していくのだと思われます。

5．学習方法と条件

しかし、③肯定的感情を養成する、④効果的に対応するスキルを習得する、という2つの段階は座学では学習することが困難です。実際のコミュニケーションが必要なのです。そこで使われているのがペアワーク、グループワーク、シミュレーション（疑似体験学習）などです。これらはアクティブラーニングで、座学よりは直接体験に近いけれども、直接体験のような致命的な失敗を伴わない学習です。人と人とのフェイス・トゥ・フェイスのやりとりは自然に感情を伴う活動ですから、感情が自分の思考や行動にどのような影響を及ぼすかを直に体験します。しかし、アクティブラーニングでは、その感情をどのようにコントロールすると協働ができるかを試すことができます。

アクティビティ（活動）の種類にはアイスブレイク、グループ・アクティビティ、シミュレーションなどがあります。すべてのアクティビティは言語、非言語、頭脳的作業、体全体の動きを伴うものです。

アクティビティによって適切な受講者とファシリテーターの数、必要なスペース、教室やそのレイアウト、時間、用意すべきものなどが異なります。また、アクティビティの目的は、コミュニケーションしやすい安全な場を提供するものから、異なる意見や主張を調整する複雑で高度なコミュニケーション・スキルを養成するものまで、多岐にわたっています。そしてアクティビティの多くは、ドラマ・セラピー、ナラティブ・アプローチ、アナログ・ドローイング、イメージトレーニングなどの手法を応用しています。本書では、アクティビティの背景にある理論を説明し、実施するのに必要な上記の情報と共に詳しい手順も解説しています。

アイスブレイクは、主に自己紹介などのウォームアップ・エクササイズで、コミュニケーションの不安を取り除くためのもの、互いの共通点や相違点に気づか

せるもの、自分の思い込みと相手の思い込みに気づかせるもの、相手への配慮や共感を養うものなどがあります。ことば、身振り手振り、動き、触感、体感覚、距離感覚などを使ってコミュニケーションします。グループ・アクティビティでは、より複雑な状況設定のもと、活発な対人コミュニケーションをとりながら、チーム意識、リーダーとしての意識とフォロアーとしての意識、競争行動、協調行動に気づき、自分のコミュニケーション・スキルを試す機会が与えられます。

　簡単なシミュレーションはゲームと呼ばれることがありますが、勝ち負けを競うゲームではありません。学習のためのアクティビティです。シミュレーションでは、異なる文化集団を人工的に作り、受講者にそれらの集団のメンバーになってもらいます。自分の慣れ親しんだ常識とは異なるルールに従ってロールプレイするときのとまどいや違和感を経験することができます。つまり、そのような状況に置かれたときの自分の感情、思考、行動に気づくことができます。そして、自分の感情をチェックし、コントロールすることを学びます。さらに、シミュレーションでは、異なる文化背景の人びとと共に課題をこなすよう設計されています。この過程を通して、異なる他者と効果的に仕事をしていくうえで必要不可欠な自分と相手の前提の違いに気づくこと、相手を理解するための思考と行動のパラダイムシフト、多様性をマネージして課題を達成するためのコミュニケーション・スキルと態度を学んでいきます。

　シミュレーションでは、①自己アイデンティティの揺らぎの段階、②相手の考え方を間違っていると感じる段階、③協働するために相手を受け止め、理解しようとする段階、④互いにパラダイムシフトを行ない協働の方向を試行する段階、⑤合意に基づき協調的に協働できる段階、以上５つの段階を経ます。受講者すべてがこれらの段階を経ることはできないかもしれませんが、シミュレーションが終了したあとで行なう振り返りの時間に、各自が感じたこと、考えたこと、行なったこと、その理由などを話し合うことで、学びを共有していきます。

　シミュレーションは短いもので１時間、長いものでは数日かかるものもあります。スキルを身につけることが目的の場合は長いシミュレーションが適しており、また継続的な学びも必要です。自分と他者のさまざまな違いに気づくことを目的とする場合は短いものでも効果がありますが、振り返りのディスカッションは欠かせません。いずれにしろ、効果が持続するためには、学習を継続することが望まれます。

6. 振り返りの重要性

　ファシリテーターの間では、振り返り(リフレクション、デブリーフィングともいう)の重要性がよく知られています。振り返りということばからわかるよう

に、この時間は、アクティビティの最初に戻り、記憶をたどって、何が起き、それに対して何を感じ、何を考え、どのように解釈し、どのような行動をとったかを話し合います。アクティビティを時系列で終わりまで振り返り、その次に掘り下げの話し合いをしていきます。アクティビティをしただけで、振り返りをしっかりしないと、学びが浅かったり、間違った方向に行ったままになってしまったりすることがあります。自分の前提を正しいとし、相手は間違っていると思い込んでしまっては逆効果です。また、相手に対して見当違いな理解をしてしまい、それがステレオタイプになっては偏見を増長することになってしまいます。そのような安易な結論を出してしまわないためにも、振り返りの時間ははしょってはいけません。一般に本番と同じくらいかそれ以上の時間をとって、受講者全員に発言してもらい、ディスカッションに参加してもらいます。振り返りの時間は安全で安心できる場でなければなりません。一緒にアクティビティをすると互いに親近感、信頼感が増すのが普通ですが、アクティビティ中は緊張や不安をぬぐえない人もいるかもしれません。振り返りの場でこのような緊張や不安や誤解を取り除くことが大切です。そして、アクティビティの解釈は１つではありません。いろいろな感じ方、考え方、行動があることが表明され、それぞれ気づかなかったまたは考えも及ばなかったような解釈のおもしろさ、妥当性、影響力、洞察力などのプラスとマイナスが出てきます。そして、それが楽しい発見の場になることが醍醐味です。

　振り返りの時間を深い学びの場にするために、鈴木がまとめた「学びのための対話の質問例」が参考になります。鈴木・久保田(2017)は、森田(2000)にある対話の質問例を、ファシリテーションに使いやすいように(１)共有するための質問、(２)焦点を絞るための質問、(３)照合するための質問、(４)適用するための質問に分類して示しています(表３参照)。

　振り返りの時間では、全員が輪になってすわり、互いの顔を見ながら話します。ファシリテーターも輪に加わり、ディスカッションをリードしていきますが、発言に対して評価を下すようなことはいっさいせず、発言をオープンな心で受け止め、(正確に受け止めたかをパラフレーズすることで確認を取ることもありますが、)さらなる発言を奨励するコメントや質問を行ないます。振り返りの時間の主役は受講者です。時間の80％は受講者が占め、互いのインタラクションから学びのポイントを発見できるよう、ファシリテーターは必要最小限の介入しかしません。「振り返り」に十分時間とエネルギーを注ぐことが学習効果を上げる秘訣です。深い学びを促すためには、振り返りを、シミュレーション終了後の話し合いだけでなく、その後の感想文、ジャーナル、アクション・プランなどにつなげていくことが大切です。また、要望があれば、築かれた信頼関係に基づいて受講後もお互いにサポートし合うグループまたはペアの形成を支援し、点的だけでな

く面的なフォローを実現できるとよいでしょう。

表3 学びのための対話の質問例

(1) 共有するための質問例：学習活動を経験して、気づいたこと、感じたこと、連想したことを分かち合う
・今の経験から何を思っているか、誰か言ってください。 ・アクティビティーの中でどんなことが起きましたか。 ・そのことについてどんな気持ちが生じましたか。 ・気づいたことは。
(2) 焦点を絞るための質問例：参加者の分かち合いの中で出た様々な意見に焦点を絞る。焦点の基準は ① 参加者の多くが反応したこと、共通した点、相反する反応があった点。 ② 教員がポイントとして押さえたいこと、理解してほしいこと。 ③ 参加者の発言によって教員が新たに気づいたこと。
・それはあなたにとってどのような意味を持ちましたか？ ・AさんとBさんの発言はどこが違うのでしょうか。どこが同じなのでしょうか。 ・多くの人にとってこのアクティビティーが意味したことは共通しているようですが、それは何でしょうか。
(3) 照合するための質問例：これまでの気づきや焦点を置いたポイントを参加者自身の経験、行動パターン、価値観、感情と照らし合わせる
・今までのあなたの考え方にどう影響を与えましたか。 ・今までのあなたの行動様式を振り返ると、どう関連がありますか。 ・この経験とあなたの他の経験とどう関係しますか。 ・これからのあなたの考え方に影響を及ぼしそうですか。
(4) 適用するための質問例：ここでの学びや気づきが自分の日常生活にどのような変化をもたらすのか、もたらさないかを検討する
・今、あなたが一番強く思っていることは何ですか。 ・どんな変化が起こせそうですか。 ・その変化を起こすためにまずあなたができることは何ですか。 ・ここで得たことを、明日からどのように活用できますか。

(鈴木・久保田(2017)が森田(2000) pp.51-55より抜粋し整理したもの)

7．ファシリテーターの役割

　ファシリテーターは受講者が主体的かつ能動的に学べるよう環境を整え、アクティビティの課題と手順と必要な道具を整えます。ここではティーチャー（知識

を教え込む人)の帽子をいったん脱ぎ、ファシリテーターになりましょう。教室の手配、レイアウト、スペースの使い方、どのような道具をどのように配置するかなど、よく考え抜き、準備しなければなりません。また、複雑なシミュレーションをするときは、事前に自分が受講者になりシミュレーションを体験することが大切です。受講者の気持ち、とまどい、発見、喜びなどを体験していると、ファシリテーターとしてどのように行動したらよいかわかります。受講者が感情的になったときは冷静に、ルール違反をしたときはルールに従ってもらうなど対応できるようにします。また、複数の教室を使うようなシミュレーションの場合は、ファシリテーターも複数いたほうが安全です。ファシリテーターはリハーサルをすることをお勧めします。座学の授業より手間がかかると思うかもしれませんが、いったんシステムができ上がると学習は受講者が自主的に行なうので、スムーズに行程が進行するようになります。

　受講者の主体性と自主性と能動性が学びの鍵ですから、ファシリテーターは簡単に解釈、答え、結論を示しません。アクティビティの過程で手順を明確にしなければならない場合は簡潔に指示を出しますが、受講者が自分で考え、コミュニケーションし、決めていかなければならないことに関しては、受講者が話し合いで決めていくよう指示します。これは、振り返りの時間についても言えることです。受講者の気づきと理解が希望する段階に達していないからといって、ファシリテーターが先走りして講義することは極力避けたほうがよいでしょう。それよりも、どのようにファシリテーションすればよかったか反省すると共に、どのような追加アクティビティを提供すれば、受講者が目的とする段階に近づけるか工夫することが大切です。ファシリテーターはその意味ではクリエイターでもあります。このような作業は、1人ではなくチームで行なうほうが、アイディアが豊富に出て、よいものに練り上げられていきます。

8．学習効果

　学生を対象に学校で、ビジネスパーソンを対象に企業で、ボランティアを対象にNGOやNPO団体でシミュレーションを行なってきましたが、実施後の感想、アンケート、ジャーナルなどから、学習効果は非常に高く、受講者がたいへん満足したことがわかります。また、座学やテストと違って、個々人が自分のペースで自分なりに工夫して自分の学びを作っていくことができるという大きな利点があります。さらに、大人の学びに特徴的な利点ですが、受講者相互から学び取る部分もたいへん意義があります。アイスブレイクやグループ・アクティビティを通して、受講者間の人間関係が改善し、親近感を持ち、活発に発言、行動するようになります。これらの学びと高度の変化が可能になるのは、シミュレーション

をした直後に振り返りの時間を持つからです。受講者全員で振り返ることにより、自分への気づきと他者への気づき、自分の感情がどのような前提から出たものか、相手の反応は自分のどのような行動から起きたのかなどが、明らかになります。これらの情報の共有を通して、それでは自分の意図する効果を得るためには、どのようにコミュニケーションしたらよいかを話し合います。この振り返りの時間とその後のジャーナルなどのフォローアップが、学びの深さを決める非常に大切な要素です。鈴木・久保田(2017)の報告にあるように、このように多様な学習方法を用いることで認知の変容が行動の変容をもたらすまでに達することが期待できます。これは、松下(2015)の提唱する高次のディープ・アクティブラーニングにつながるものであると言えます。また、振り返り後に感想を書いてもらうことは、受講者本人だけでなく、ファシリテーターの成長にも役立つことになります。

9. 背景にある諸理論

個々のアクティビティには、それぞれに理論的な背景があります。「二重関心モデル」「U理論」「ボームのダイアローグ」「ポジティブ・イメージトレーニング」「アートセラピー」「ドラマセラピー」「ナラティブ・メソッド(ナラティブ・アプローチ)」などです。第2部以降では、グループで行なうアクティビティを扱っていますが、実際のアクティビティに入る前に、以下にこれらの理論の簡単な紹介をしておきます。

(1) 二重関心モデル

ケネス・トーマス(Thomas 1976)とラルフ・キルマンの唱えた理論です。二重とは、人間どうしのかかわり合いの中で生じる「自己主張」と、「相手への配慮」という2つのことを意味します。この関係する2つをどのように処理していくのかを考えていくモデルが二重関心モデルです。他人とのかかわり合いの中で「自分の意向をどれだけ通すか」の軸と、「相手の意向をどれだけ汲み取るか」の軸のマトリックスから、「二重関心モデル」は作られています(図4参照)。

ビジネスの場、あるいは日常生活で複数の人たちがかかわる際、意見の対立や利害の衝突が起こることは珍しくありません。むしろ、それはごくあたりまえの状態です。そのような対立・衝突を解決する手法はコンフリクト・マネジメントと呼ばれ、そのモデルの一つが、この二重関心モデルです。これは、日常的に発生するこのような意見の対立を、競合的にではなく"協調的"に解決するための理論であり、手法なのです。理想は、「協調(Win-Win)」的解決です。ところが、最近は面倒なことは先送りにしたいということで、「回避(Lose-Lose)」的解決

の道を選ぶ人が少なくありません。また、相手の機嫌をそこねたくないのと、自分の主張もある程度は認めさせたいという考えで、「妥協(win-win lose-lose)」的解決で手を打ってしまう人も多いようです。しかし、残念ながら、「回避」「妥協」では建設的な解決策は得られません。あくまでも理想の「協調」的解決を目

図4 「自分の意向」と「相手の意向」を軸とした解決策の分類

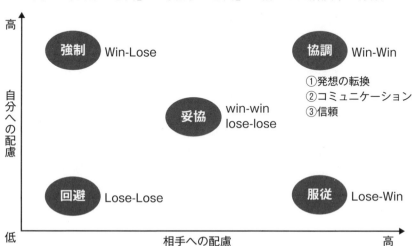

行動	行動の内容	行動の結果
協調	①発想の転換 ②コミュニケーション ③信頼 の3点を基礎にお互いに満足できる行動を選ぶ	お互いが満足できる
強制	力をもって相手を強制する	勝者と敗者が生まれ、否定的な感情が芽生える
妥協	お互いに譲り合う	痛み分けとなり、お互いに自分の能力、発想を超えたよりよい解決策は生まれない
服従	相手の意見に従う	相手の利益や関心を満たすが、自分自身の利益や関心は満たされない
回避	お互いに解決策を求めずに逃げる	①双方が敗者となりやすい ②回避を続けると問題がさらに大きくなるリスクがある

(図表は鈴木(2017)をもとに作成)

指して双方が工夫をすることが必要になるのです。

(2) U理論

　私たちが過去の延長線上にはない新しいものを生み出したいと思うとき、有効なプロセスを示してくれるのがU理論です。私たちは、日常生活の中にあって、これまでの自分とは変わりたいな、あるいは変えていきたいな、と思うことがありますね。さらに、組織の一員として、組織そのものを変えていきたい、変えなければならないと、いわゆるイノベーションを志すこともあるでしょう。このようなときに非常に有効な理論をオットー・シャーマーが導き出しました。シャーマーは、世界のさまざまなトップリーダー130名にインタビューをする中で、人間が高度なパフォーマンスを発揮しているときには、ある特徴的なこと、すなわち、その人の内側で「意識の変容」が起こっていることに着目したのです(Scharmer 2016、中土井 2014)。U理論は、その「意識の変容」が何を触媒として生まれ、どのように育ち、さらにどのように具現化されていくのか、を説いているのです。

　そして、U理論を形作る主要なプロセスは、大きく3つに分けられると言います。①センシング(Sensing)、②プレゼンシング(Presencing)、③クリエイティング(Creating)の3つです(図5参照)。①のセンシングとは、「自分の判断を保留してひたすら観察する」こと、②のプレゼンシングとは、「みずからの心の中に起こってくる'なにか'が現われるのを待つ」ことであり、③のクリエイティングとは、「心の中に起こってきた'なにか'に従い、素早く行動を起こす」ことです。これは、流れとしては、次のようにまとめることができます。①「先入観＝自分の判断」を排して目の前に起こっていること、耳にしたことを我慢強くただ観察しつづけ、②観察しつづける中で自分自身の内側から生まれ出てくる'なにか'（シャーマーは、「出現しようとしている未来」と呼んでいる）を受け入れ、③受け入れた'なにか'をとにかく具現化、実体化すべく行動に移す、ということになります。

　もっと具体的に見てみましょ

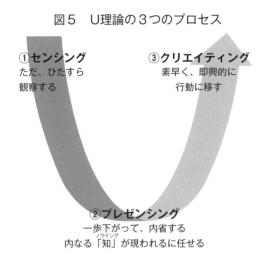

図5　U理論の3つのプロセス

①センシング
ただ、ひたすら
観察する

③クリエイティング
素早く、即興的に
行動に移す

②プレゼンシング
一歩下がって、内省する
内なる「知（ノウイング）」が現われるに任せる

（中土井 (2014:98)を参考に作成）

う。①のプロセスは、簡単ではありません。なぜならば、私たちは身のまわりに起こる事象に向き合うとき、常に「思い込み＝過去の自分自身の経験から学んだこと」に基づいて対応することに慣れきっているからです。だれかがなにかを言った、なにかをした、そのようなときに、「あ、これは○○だ。これはすでに知っているぞ。」とか、「どうせ、この先の話や行動は△△のようになるにちがいない。」などという先入観に支配されて物事を判断してしまうものです。そうすると、そこから先は、相手の言うことは耳を素通りしていったり、相手の否定に走ったり、自分の意見に固執したりと、とにかく、不毛な議論、コンフリクトに発展していくことが多くなるのです。ただ、いつでも「思い込み」に従うことが悪いということではありません。私たちは、日常生活を営むうえで、さまざまな危険から身を守るために、この「思い込み＝過去の経験から学んだもの」に従って行動することが必要になることがあるからです。しかしながら、私たち自身や所属する組織を変えていくうえでは、この「思い込み」こそが最大の足かせとなってしまいます。つまり、過去の経験から学んだ判断にとらわれている状態では、事実と自分自身の解釈をたやすく混同してしまい、自分の解釈を「現実＝事実」として扱ってしまうのです。

　さて、それではこの「思い込み」を解消するにはどうしたらよいのでしょうか。U理論は、2つのステップを踏むことが有効だと説きます。1つは、自分が「思い込んでいる」ことに「気づく」こと。まずは、心の動きや、体感に意識を向けてみること。頭が熱くなっていないか、胸がどきどきしていないか、呼吸が浅くなっていないか。さらに、自分自身に問いかけてみることです。相手を責めていないか、自分を正当化していないか、自分を責めていないか。2つ目のステップは、「保留」すること。結論や決めつけをいったん保留することです。この「気づき」と「保留」のプロセスを続けてみてください。これまで気づいていなかったことの多さに自身が驚くだけでなく、まわりの人たちも、あなたは好奇心が旺盛な柔軟な人だと思ってくれるようになるでしょう。こうして「気づき」と「保留」を続けることで、雑念に意識を奪われず、目の前の事象や状況、相手の言うことに意識の矛先が向けられるようになるので、これまでは見えなかったものが見えてくるようになってきます。シャーマーは、これを「自分の中に他者の目玉が増える」と表現しています。さて②のプロセスの「U」の谷の部分の「プレゼンシング」では、あなたはユニークな経験をすることになるでしょう。ただただ観察しつづける中であなたの内に生まれてきた'なにか'が、きっとあなたに問いかけることでしょう。「私はこれから一体どうするのか？」。この問いこそがあなたの中にある創造性を引き出すきっかけになるのです。この問いを通して、あなたが、自我（エゴ）や、自分でこうだと思っている「自己」から抜け出て、より高い次元の「自己＝本来の自分」とつながるのだとシャーマーは言います。そし

て、本来の自分とつながったあなたの口から発せられることばは、共振するかのように他人に響くと言います。シャーマーは、この「プレゼンシング」を「未来が出現する」と表現しており、過去の延長線上にはない、全く新しい可能性を迎えるターニングポイントとなる瞬間だと言います。そして、最後の③のプロセスである具現化とは、心の中に起こった'なにか'に従うことです。シャーマーのことばを借りるなら「出現した未来」に向けて手探りで進むことです。とにかく、手を動かし、なにかを作り出しましょう、絵を描きましょう、'なにか'に形を与えていきましょう。シャーマーによれば、「頭の知性」「心の知性」「手の知性」の3種類の知性を動員し、統合を図ることが「出現する未来を具現化していくプロセス」になるのです。なぜなら、新しいことは、まず、感覚として現われ、次にどこかに引き寄せられる漠然とした知覚として現われてくるからです。「なんとなく」感じていることや、思っていることを「手が動くに任せて」まず形に表現し、まわりの人たちとの対話、フィードバックを通して、しだいに具体的なものに育てていくのです。なんとなく感じていること(心の知性)から手が動くに任せ(手の知性)、まわりからフィードバックを得る(頭の知性)という一連の流れが3つの知性を動員し、統合するのだと言います。ちなみに、私たちが学会活動で実施しているワークショップ「最も幸せなとき」でも、①最も楽しいときを心の中に思い描く、②それを絵に表現し、物語を作る、③まわりの人たちからのフィードバックを得る、という流れでU理論の説く「出現する未来を具現化」しているのです。

(3) ボームのダイアローグ

量子力学専門の世界的な物理学者 デビッド・ボーム(Bohm 1996)は、人びとが相手の言うことをよく理解することができないのは、相手とことばを交わし合う際のお互いの心の持ちように重大な問題があると気づき、その発見を、人びとがよく理解し合える対話とはどういうものかと問う形で発展させます。ボームは、その著書 *On Dialogue* の中でダイアローグ(対話)の重要性について次のように主張します。

> 「対話の目的は、物事の分析ではなく、議論に勝つことでも意見を交換することでもない。いわば、あなたの意見を目の前に掲げて、それを見ることなのだ。さまざまな人の意見に耳を傾け、それを掲げて、どんな意味なのかよく見、それに対する自分の判断を保留することだ。自分たちの意見の意味がすべてわかれば、完全な同意には達しなくても、共通の内容を分かち合うようになる。」(p.14)

9. 背景にある諸理論

　私たちは日常、ほかの人とコミュニケーションをするとき、自分自身では気づいていないのですが、相手の言うことをよく聴いていないものです。確かに、相手のことばは耳に入ってきているでしょうが、実は、そのことばが耳に入ると同時に私たちは、そのことばを判断しようとしているのです。「あ、この人の言っていることは以前にどこかで聴いたことがある。」とか、「また同じことを繰り返して言っている。」とか、「要するに結論は何？」とか。ボームは、耳に届いたことばはそれほど需要ではなく、重要なことはことばの裏に隠されている、と説きます。しかしながら、私たちはやはり、相手のことばで相手の言わんとしていることを理解するわけですから、それではどうすればよいのか、ということになりますね。

　ボームによれば、ことばの裏の声をつかみ取る努力こそがその答えだとなります。ボームは、ここで初めて「対話＝ダイアローグ」の重要性に触れます。ボームの主張をまとめると、「対話」は、会話でも議論でもなく、相手とのことばのやりとりであり、ことばのやりとりを重ねる中で、私たちは自分の考え、つまり、自分の判断を保留しながら、相手の言うことをそのまま受け止めることが大切なのです。「受け止める」とは、合意をするのではなく、単に「あ、この人はこう言っているな。」と受け取るだけです。それは、キャッチボールで相手の投げる球をただ機械的に「受け取る」ようなものです。そうすることで私たちの心の中になにかが芽生えてくるのです。それを大切にすることで、本当の理解が始まるのです。「保留」といい、「心の中に芽生えてくるもの」といい、前掲の「U理論」と共通するものを、私たちはボームの「ダイアローグ」の中に見つけることができそうです。

（4）　ポジティブ・イメージトレーニング

　過去の失敗やにがい経験を思い出して、今度も失敗するのではないか、にがい思いをするのではないかと不安になったりすることがあります。反対に、過去の成功体験から得た喜び、高揚感、達成感、自信を思い出して、今回も似た状況だからきっとうまくいくと感じることがあります。山崎（2011）は、人間は自分が作り上げたイメージで自分と自分の外にある世界をとらえていると言っています。イメージは私たちの活動にとても大きな影響力を持っています。ポジティブなイメージを持つことでポジティブな結果を得られる確率が高くなることはよく知られています。特に、スポーツの世界ではイメージ・トレーニングはよく用いられていて、効果があることが証明済みです。

　ところが、私たちの多くはなかなかポジティブなイメージを持ちつづけることができません。なぜかと言えば、人類は地球上での生存が容易ではないという体験から、本能的に危険を避けなければならないということを知っているからです。

私たちの先祖は、身を守らなければ危険に遭遇するという体験をたくさんしてきました。ですから、社会が安定し、危険が減少した今日でも、ポジティブなイメージを持つことがポジティブな結果につながるということがわかっているにもかかわらず、なかなかポジティブなイメージを持つことができないのです。それは、脳に深く刻まれている防衛本能が強く働くからです。

　もう1つ、私たちがポジティブなイメージを持ちにくい原因は、今までの問題解決へのネガティブなアプローチがあります。なにか不都合なことが起きると、「原因はどこにあるのか？」「問題や欠陥は何だ？」というネガティブなとらえ方をしてしまい、肯定的な側面を見過ごしてしまいがちです。しかし、「よい点はどこだろうか？」「強みをどう活かし、伸ばしていけるだろうか？」というアプローチをまずとることのほうが、将来につながる効果的な解決策を見いだせる可能性が高いのではないでしょうか。

　幸いに、脳は現実に反応して起きる神経の発火と想像で作られるイメージを区別することなく記憶するようです(山崎2011:10-19)。脳神経の特定の部分を刺激すると実際に音楽や映像が体験できるということは、脳神経を刺激してポジティブな体験を何回も脳内で起こせば、それが記憶され、ポジティブなイメージを形成することができるということです。そこで、トレーニングをすることで、ポジティブなイメージを強化し、習慣的にその記憶に基づき反応するまでにしていくことで、成功体験できる確率を上げていくのです。これが、ポジティブ・イメージトレーニングです。

　しかし、「ポジティブなイメージを持ってください。」と言ってもなかなか持てるものではないので、トレーニングします。トレーニングは通常、安全で落ちつける場所で、目を閉じて静かに成功体験している自分をイメージすることから始めます。本書で紹介している第3部の「最も幸せなとき」を例に手順を説明しましょう。自分が最も幸せなとき、まずそれを特定します。過去でも、未来でも、現在でもよいのですが、その場にいる自分を実際に体と感情で体験することが大切になります。そうしないと脳に深く記憶されません。筆者は、ポジティブ・イメージを持ってもらうために、静かで深い呼吸から導入し、さらにイメージを持ちやすいように静かに柔和な声で以下のように語りかけます。

　　「私たちは、だれもが、生きいきと喜びにあふれ、自分らしくいられる、そのような世界を望んでいます。そのためには、私たち自身が、生きいきと喜びにあふれて、自分らしく生きていることが大切です。さあ、じっくりと自分にとって最も幸せなときを思い浮かべ、味わいましょう。」

　「最も幸せなとき」のイメージを強く感じてもらえるように、そのときの状態を五感を通して実感してもらいます。そのときの自分の体温・呼吸・肌の感覚・気持ち、自分の動き、自分の表情・声、目に見えるもの、聞こえる音、香りや味、

9. 背景にある諸理論

光、まわりのものの色・形・感触・動き・テンポ、まわりの雰囲気、これらすべての神経の働きをひとつひとつ確認していってもらいます。あまりにも項目が多いので、1回目は鮮明なイメージを持つことができないでしょうが、回数を重ねイメージすることで、だんだん認識が広まり、深まり集中できるようになります。自分の状態だけでなく、まわりの状態もイメージできるようになります。また、そのような状態がどのような経緯を経て「今、ここ」にあるのかも見えてくるようになります。そこまでイメージできるようになると、これから自分がどのように動き、どのような人とどのようにかかわっていくとよいのか、道がはっきり見えてきます。

筆者たちはトレーニングの一環として、イメージしたことを絵に描いて語ってもらうようにしています。もちろん、強要はしませんが、グループで共有することで、お互いをよりよく理解し、励まし合い、助け合うことができるからです。第1部の6でも述べましたが、アクティビティは1度やってそのままフォローをしないのでは大きな効果が得られません。繰り返すこと、お互いにサポートし合うことが大切です。このようなワークで一生の友が見つかることもあります。

（5） アートセラピー（芸術療法）

アートセラピーは1970年代に米国で発達した療法で、鉛筆や絵の具を用いた描画、コラージュ、水彩画、彫刻などを用いて、情緒的、精神的不調を治療するために行なわれます。本書では絵を描くことを取り入れたコミュニケーション力育成のためのアクティビティを紹介しているので、Edwards (1987, 2012)のアナログ・ドローイング（描画）について説明します。アナログ・ドローイングをすることによって、自己と他者の理解を深め、コミュニケーションを深いレベルに持っていけるのです。

Edwardsは芸術家を目指す学生ではなく、一般の学生に描画を教えていて、多くの気づきを得ました。彼女は抽象的な線と形と色で感情を表現するエクササイズを行なうことによって、描き手の潜在意識に近づくことができることを発見しました。学生に喜び、怒り、悲しみ、自信などの感情を自由に描かせたのです。そして、自由に描かせたにもかかわらず、直線か/曲線か、太い線か/細い線か、線の方向、色の選択、描かれたものの形、筆圧など、同じ描画は1つとしてないのに、共通点がかなりあることに気づきました。そして、それらの共通点はほかの人びとも感じ取ることができることから、潜在的な意味があると考えるようになりました。同時に、描き手が意識していなかった感情や欲求が表出されることも発見しました。彼女は、描画のじょうずへたではなく、それらから描き手がどのような自己発見ができるかに興味がありました。また、観る者がどのように絵を解釈するかを知ることで、双方にとって有意義な気づきがあることを知りまし

図6　アナログ・ドローイングの例

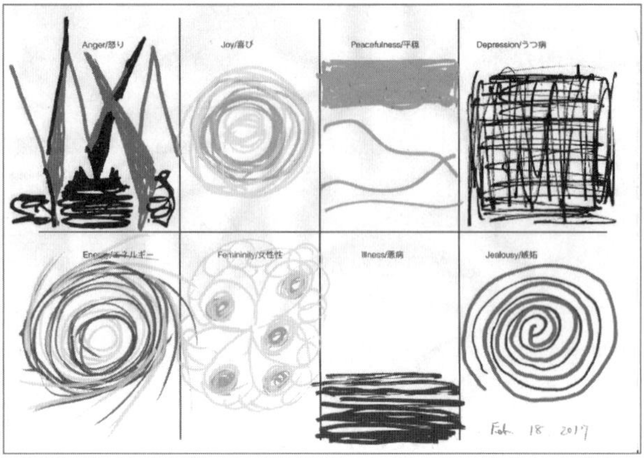

上段左から 怒り、喜び、平穏、うつ病
下段左から エネルギー、女性性、悪病、嫉妬

た。このように、お互いことばにできない感情を自由に描くことで伝え合うことができたとき、人は喜びと癒しを体験することもわかりました。彼女はこの方法を用いて多くの人びとに楽しさ、喜び、癒しを体験してもらうことで、情緒不安と精神的なストレスを緩和しました。

　また、アナログ・ドローイングのエクササイズでは、描かれた絵をさかさまにしたり、回転させたりすることで、描き手も観る者も予想できなかったメッセージを見つけることがあります。Edwardsは私たちがものを見るとき、ものの境界線に注目しがちだが、ものの後ろにある空間、ネガティブ・スペースを見ることによって、より正確にものをとらえることができると指摘しています。ものそのものよりも、ネガティブ・スペースを見ることによって、通常の見方では見えないものが、正確に見えるようになるという一見矛盾した現象から、人の認知に関して深い洞察を得ました。ものの表と裏を同時に見ることができるようになるということは、多様なとらえ方と柔軟性を把握できるようになることにつながり、結果としてコミュニケーション力の向上につながると言えます。

（6）　ドラマセラピー

　ドラマセラピーは、1970年代から学問として、また教育、レクリエーション、心理療法の一形態として、アメリカ、イギリス、オランダなどを中心として広がっています。ドラマセラピーは、モレノのサイコドラマをはじめ、フォックスのプレイバックシアター、スポーリンのドラマ活動、それに多数の心理学の理論、さらに、ロシアのスタニスラフスキー、ドイツのブレヒト、フランスのアルトー

9. 背景にある諸理論

の演技理論などの影響をうけ、いろいろなルーツや理論が融合されています。

ドラマセラピーによる「治療」は、ドラマ・演劇のプロセスと結果を系統的かつ意図的に用いて、症状を緩和したり、感情的・身体的な統合を進め、個人の成長を達成させることです。その具体的な実例と過程については、エムナー（2007）が「グループと劇の発展」で詳しく述べています。

ドラマセラピーは、だれが体験してもたいへん楽しいものです。それは、「遊び」が中心にあるからです。子どもが行なうような「遊び」は、人の心を開く強力な鍵になります。日本のドラマセラピストの第一人者 尾上明代は、「遊び」について次のように述べています（尾上 2006：163）。「子どもの頃の熱心さ、自由さ、開放性、正直さ、想像力、創造性などを、もし大人になっても持ち続けていれば、どれほど人生に豊かさ、深さ、恩恵を与えてくれるか計り知れません。"遊び"を放棄することで、そういった要素を逃してしまっている大人が多いと思います。」実は、ドラマセラピーの中には、このような子どもの遊びに含まれる要素がすべて含まれています。私たちが子どものころにしていた「劇遊び」や「ごっこ遊び」が、ドラマセラピーの原型です。

尾上は、一般向けのセッション（治療ではない）で、初めは遠慮がちだった人も慣れてくると熱中して遊びを楽しむように変化していくのを見るのが楽しいと言います。子どもは、自分ではない別の人の役になって、自分の願望を架空の世界でかなえたり、不満を解消したりして、癒されています。大人になってドラマセラピーでやることは、子どものときに自然に自発的にやっていたことを「再」体験しているだけのことです。ドラマセラピストによって意図的に計画されたドラマ、ゲームや遊びを取り入れたセッションを体験すると、大人はその意味を意識化・言語化して認識することができて楽しいのです。

日本におけるドラマセラピーは、子ども、学生、学校の教師、親、企業の経営者向けにコミュニケーション力を高めたり、心が癒されてストレスが軽減されたり、また悩みが解決に向かったりするようになど、日々の生活の向上のために使われることが多いようです。

ドラマセラピーの１回のセッションは、ウォームアップとメインテーマのドラマとクールダウンの３つの要素で構成されます。ウォームアップは、ドラマ場面にスムーズに入っていけるように、心と体を準備するものです。ここに遊びやドラマ的なゲームをいくつも入れます。尾上のセッションでは、この時間をたっぷりすぎるほど取り、自然な形でメインのテーマにつなげていきます。

クールダウンは、架空のドラマから現実に戻る時間です。心の動きを整理し、気持ちを落ちつけるためにとても重要です。実際に体を使って自分の口からせりふとして表現したときには、心が動きます。その気持ちをことばに出すこと、聴いてもらうこと、また、お互いに感じたことを述べ合うことで、心が落ちつき、

学びが起こります。私たちの異文化トレーニングでは、これを「振り返り」「デブリーフィング」と呼んで、アクティビティやシミュレーションをしたあとに必ずきちんと入れています。

本書の第2部にはドラマセラピー的なウォームアップ・アクティビティが入っています。第3部のグループ・アクティビティや、第4部のシミュレーションに入るときの「前置き」として、心と体をほぐすウォームアップを取り入れてください。また、これ自体単独のゲームとしても活用できます。自由な発想で、子どもにかえって楽しんでやってくださるとうれしいです。

(7) ナラティブ・メソッド(ナラティブ・アプローチ)

日常生活の中で自分の話や悩みをしっかり聴いてもらえない人はたくさんいます。時間がないから、聴き飽きたから、聴く価値のないことしか言わないから、と聴くことを拒否されたりします。話を聴いてもらえないことは、自分を尊重してもらえないこと、理解してもらえないこと、認めてもらえないことにつながります。このような状態が長く続くと、精神的健康を失って病んだり、問題行動につながったりする場合があります。このような人びとを健常な生活に戻すための療法として、ナラティブ・メソッドが用いられています。

ここでは、モーガン(2003)とデンボロウ(Denborough 2014)の著書を参考に、ナラティブ・メソッドを紹介します。問題を抱えている人が相談に来たとき、セラピストは相談者に自分のストーリーを語らせ、非難したり批判したりせずに傾聴します。多くの場合、相談者はまわりからの影響で思い込みのストーリーを語ります。たとえば、「私は頭が悪いんです。学校は落第。文章も書けないし、人前でまともに話せません。」と相談者が言ったとします。このストーリーは「頭が悪い」というプロット(テーマ)ででき上がっていて、相談者を支配するドミナント・ストーリーになっています。セラピストは相談者に共感しながらも、このストーリーとは別のストーリーがあることを共に探っていきます。たとえば、「あなたが好きなことは何ですか？」と聞き、語ってもらいます。すると、「歌が好きで何曲も歌える」、そして「1、2度聴いただけで歌える」ことが語られるかもしれません。つまり、「歌うこと」「音程を聞き分け覚えること」には能力があることが明らかになります。歌うことで人びとを楽しませた経験もあると語られます。この相談者には「歌がじょうず」というもう1つのストーリー、オルタナティブ・ストーリーがあるのです。今まで身近な人びとがその能力を評価せず、学業のことばかり責め立てた結果、「自分はばかだ」と思い込み、生きづらくなってしまったのです。セラピストは「相談者＝ばか」なのではなく、相談者がそう思い込んでいるだけなのだという事実に気づかせます。相談者にはすばらしい能力があり、文章も効果的なステップを踏めば書けるようになると納得してもらい

ます。

　相談者のストーリーを傾聴しながら、セラピストは相談者を苦しめている思い込みや価値観から相談者を解放し、新しい目で自分をとらえ直し、人間関係を築いていく手助けをします。その信念、遂行能力は相談者自身の中から出てきます。相談者とセラピストの１対１の話し合いと同様に、相談者の了解のもとに、関係者を交えての語り合いも行なわれます。また、セラピストが参加して行なわれる相談者たちのグループでの語り合いも効果的であると報告されています。

　本書では、コミュニケーション活動の一環として、ストーリーを創作する、発表する、他者のストーリーを傾聴する、共感する、協働でストーリーを創作するなどのアクティビティを紹介しています。各自のドミナント・ストーリーとオルタナティブ・ストーリーを発見する機会になるかもしれません。また、他者への理解と洞察を得る機会にもなるでしょう。なによりも、最後までしっかり聴いてもらえたという喜び、ストーリーが創作できたという小さいけれどもうれしい達成感が得られます。そして、アクティビティを一緒にした人びとへの親しみが増します。

　以上、本書で紹介しているアクティビティの背景にある理論を簡単にまとめておきましたが、詳しくは巻末の参考文献に挙げた書籍などにあたってください。再度述べておきますが、本書はセラピーとは一線を画すもので、コミュニケーション能力を育成するためのアクティビティに特化した内容になっています。

第2部

ウォームアップ・アクティビティ

　ここでは、ワークショップの最初に心と体をほぐすアイスブレイクとして使えるエクササイズや、本編となるアクティビティの前のウォーミングアップとしても使える短いアクティビティを集めました。
　いずれも、遊びの要素を含んでいるので、受講者が「あ、楽しい」と思えるものです。大人を子どもの心にほんの少しでも戻すことがねらいです。1つだけでも、また、いくつか連続して使ってもよいです。

1. イントロダクション・ゲーム

　お互いの顔や名前を覚えるという目的の「イントロダクション・ゲーム」をウォーミングアップに使う方法を紹介します。

　ワークショップの受講者どうしがすでに知り合いの場合、自己紹介は必要ないと思われるかもしれません。しかし、このエクササイズを通して、ふだんはお互いにわからなかった意外な面を知ることができます。

対象	所要時間	タイミング
こども（幼児／小学生／中高生） おとな（学生／社会人）	10分	ウォーミングアップ

実施人数
6〜30人（1グループは10人くらい）

実施すると効果的な場合
・短時間で楽しい自己紹介をしたいとき

---

① 「決めポーズ」で自分の名前を言う

〜このアクティビティのねらい〜
・遊びながら自分を紹介できる
・ゲーム感覚で名前が覚えられる
・体を使うことでリラックスできる
・知らない人どうしが短時間で仲よくなれる

＊ファシリテーター　1人
＊スペース　1室（全員が入れる大きさ）
＊テーブル・机と椅子の配置　オープンスペース

＊必要なもの
　・楽しみたいという気持ち　　　　・動きやすい服装
　・遊びごころ

＊やり方

❶ 全員で手をつないで1つの輪を作り、内側に向いてもらいます。

1. イントロダクション・ゲーム

- 人数が多いときは、輪を複数個作ります。1つの輪は10人前後がよいでしょう。
- 知らない人と手をつなぐことに抵抗を感じる人がいるかもしれませんが、無理強いはいけません。手をつながなくても、でこぼこでないきれいな輪を作るよう協力してもらいましょう。
- ファシリテーターも輪に加わります。

❷ **きれいな輪ができたら、つないでいた両手を解いてもらいます。**

- ファシリテーターは、きれいな輪ができたことをほめましょう。
- 輪を作ることでみんなの気持ちを同じところに向ける意味がありますよ。

❸ **1人ずつ自分の名前を言って、それにちょっとした体の動きをつけてもらいます。**

- ファシリテーターが最初に見本を演じてみせます。
- 名前はフルネームでなく、ファーストネームやニックネームなど短いものにします。本人が呼んでほしい名前を決めて言ってもらいます。
- 動作やポーズの見本は、だれもが簡単にできるシンプルなものにします。名前を連想させるものもよいでしょう（「まり」さんなら、ボールを転がす動作など）。
- あまり深く考えず、ふと思いついてやってみたくなった動作をするように、と受講者に伝えます。
- ファシリテーターは、常に生きいきと楽しそうにして、みんなのわくわく感を引き出すようにしましょう。

❹ **残りの人たちには、声をそろえてその人の名前を言い、そのポーズをまねてもらいます。**

- まねられた人は、みんなが自分の名前を言ってポーズをまねてくれるので、グループへの共感と安心感が芽生えます。
- まねっこ遊びのようで、楽しくなりますよ。

❺ 全員に順番で、名前を言って固有のポーズや動きをしてもらいます。

- 全員が遊び終わったら、ファシリテーターは、次の遊びへとリードします。
- 達成感を分かち合うようなことばかけをしてもよいでしょう。
- 名前と顔だけでなく、その人のポーズや動作を繰り返すので、初対面の人どうしが名前を覚えやすくなります。

❻ ファシリテーターがだれか1人の名前を言って、その人の方に向かってそのポーズをします。

- まだ全員の名前が覚えられていなくても、だいじょうぶ。これが復習タイムになります。
- だんだんリズムが出てきて、スピーディになりますよ。

❼ 自分のポーズをされた人に、今度は別の人に向かってその人の名前を言い、ポーズをしてもらいます。

- ポーズが始まったら、ほかの人たちにはまねながら名前を言ってもらいます。
- ファシリテーターは、全員がもれなくリピートしてもらったかどうか、頭数を数えておきます。全員がリピートされて、ファシリテーターのところに戻ってきたら終了となります。
- 次はだれかな、とちょっとわくわく感があります。

❽ 全員がやり終えたら、確認のためもう一巡してもよいでしょう。

- 最後にまた手をつないでみると、グループとしての一体感が生まれます。
- ことばと動作を重ねると、記憶にインプットされるのが早くなるのを感じてもらいます。

② その他の「イントロダクション・ゲーム」

[輪を作る]

　きれいな、まるい輪を作るというアクションそのものが、受講者の気持ちを整えたり、暖かい気持ちにさせたりします。みんなの顔がよく見えるのも、輪になってこそ、です。適度の人数があり、教室のスペースもあるなら、手をつないで輪を作ってみるとよいでしょう。20～30人ぐらいまでなら快適にできます。それより多い人数の場合は、スペースや時間があるか、状況を見て行なってください。ただ、知らない人と手をつなぎたくない人もいれば、幼稚園みたいではずかしい人という人もいます。むりやり、気持ちをまとめようとせず、自然に手をつなぎたくなる場面まで待つのもよいかもしれません。

[ボールや小物を使う]

　ジェスチャーの代わりに、相手の名前を言いながら、クッションやボール、みかんなどを投げるという方法もあります。受け取った人は、「ありがとう、○○さん！」と、もらった相手に言い、次に「△△さ～ん！」と呼びながら別の人に向かって投げます。これは、動きながらも、頻繁に名前を呼び合うので、楽しく名前が覚えられます。

[クッシュボールを使う]

　クッシュボール(Koosh Ball)は、天然ラテックスの糸状のもので作られたポンポンみたいなボールです。触りごこちがよいので、ストレス解消によいとされています。ボールのように、むやみと跳ねたり飛んだりせず、投げやすくつかみやすいので、イントロダクション・ゲームなどに向いています。その他、いろいろなものに見立てたり、想像したり、あるいは、話を順に回していくときに話をする人に持ってもらったり、といった使い方ができます。ワークショップでグループを活性化させるためのツールとして使えます。

2. 体を使って遊ぶ

　ワークショップの開始にあたっては、まず心をほぐし、リラックスすることが大事です。心がリラックスしている状態のときに、学びの効果が上がります。しかし、「リラックスしてください。」と指示するだけで心がリラックスするとはかぎりません。心をほぐすためには、まず体をほぐすほうが簡単です。

対象		所要時間	タイミング
こども	(幼児/ 小学生/ 中高生)	**10分**	ウォーミングアップ
おとな	(学生/ 社会人)	実施人数 4〜30人	

実施すると効果的な場合
・自由な形で体をほぐしたいとき

① 体ほぐし体操

〜このアクティビティのねらい〜
・準備体操によって体と心をほぐす
・まねすることの楽しさを得る
・全員がイニシアチブをとれるようになる
・体ほぐしが簡単になる

*ファシリテーター　1人
*スペース　1室(全員が入れる大きさ)
*テーブル・机と椅子の配置　オープンスペース
*必要なもの
　・楽しみたいという気持ち　　　・動きやすい服装
　・遊びごころ

*やり方

❶ みんなで輪になって向かい合ってもらいます。

2. 体を使って遊ぶ

- みんなの顔が見えるように、輪になります。
- ファシリテーターも輪に加わります。
- ファシリテーターは、「さあ、これから体をほぐしていきますよ。」と声をかけます。

❷ まず、ファシリテーターが、ほぐしたい体の部分を動かして見せます。

- ラジオ体操のワンシーンのような感じで、自由に、軽く、楽しそうに。
- だれでもできる簡単な動きにします。

❸ 「では、同じことを皆さんでどうぞ。」と言って、ほかの人たちにまねてもらいます。

- ファシリテーターは、遊びごころの維持を心がけます。

❹ 「では、次の人お願いします。」と言って、隣の人にリードを渡します。

- 新しい体の動きが導入され、みんながまねします。
- それぞれがやりたい動作を提案して、みんながそれをまねるのを順番に繰り返します。
- 次は体のどの部分かな？ とちょっとわくわくしたり、自分では思いつかないおもしろい動作も出てきたりします。
- 体力には個人差があります。きつそうな動作が提案されたときは、「皆さん、無理しないで、自分のやれる範囲でやってください。」と声をかけましょう。

❺ 一巡したら終了です。

- 「体は、十分ほぐれましたか?」と声をかけて、なごんだ雰囲気を確認します。
- リードを渡してからの流れは、受講者の皆さんにお任せできるので、ファシリテーターは実は楽ちんなんです!
- みんなでやると、ふだん思いつかないところを動かせます。

2. 体を使って遊ぶ

対象		所要時間	タイミング
こども	（幼児/小学生/中高生）	**10分**	ウォーミングアップ
おとな	（学生/社会人）	実施人数 4～30人	

実施すると効果的な場合
・はずかしさや緊張をやわらげたいとき
・演技っぽいシミュレーションを始める前に

② 歩きまわる

~このアクティビティのねらい~
・体を使うことでリラックスできる
・イメージしながら歩いて気持ちをほぐす
・ふだんと違う自分になってみて気分を高揚させる

＊**ファシリテーター**　1人
＊**スペース**　1室（全員が入れる大きさ）
＊**テーブル・机と椅子の配置**　オープンスペース
＊**必要なもの**
　・楽しみたいという気持ち　　　　・動きやすい服装
　・遊びごころ

＊**やり方**

❶ 「まずは、体を動かしましょう。皆さん、自由に歩いてください。」と声をかけ、部屋の中を歩きまわってもらいます

・受講者の心と体の動きを整えるためには、ただ歩きまわるだけでもgood！

❷ 自分も一緒に歩きながら、「胸を張って、元気に！」と声をかけます。

第 2 部

- みんなが姿勢よく歩けていることをほめましょう。少しずつ速度を速めます。
- だんだんテンポよくなるように声のスピードも上げます。

❸ ここから、意図的にいろいろなまねっこをして遊んでもらいます。「ちょっと遊んでみましょう。モデルのように気取って歩きますよ。」

- 「パリ・コレクションの舞台をイメージして！」など、イマジネーションが浮かぶように声かけします。
- ファシリテーターは、遊びごころの維持を心がけます。

❹ 「歩きましょう。胸張って、いばった政治家のように！」と指示を変えます。

- モデルから一転して、コミカルなイメージへ。テンポもゆっくりに。
- これからは、どんどん子どものまねっこ遊びのようになっていきます。

❺ 「おや、足元があやしい。今度は、お酒に酔った千鳥足の人です！」と指示を変えます。

- 行きつ戻りつ、あやしい歩きをするのが楽しめたら、さらにおもしろくなります。
- お互いのおもしろさを目の端に入れて、楽しくなるように。

❻ 「どっしりと、お相撲さんが歩きます！」と指示を変えます。

- 「パトロール中の警官」「スキップする園児」などいろいろみんなからもリクエストの声が、上がるかもしれません。あまり長くなって疲れが出たり、飽きたりする前に、ゆっくりとテンポを落として、終わりにします。
- リズムが出てきて、教室が活性化されてきます。楽しい気持ちになって、次のアクティビティへの準備ができました。

③ その他の「体を使って遊ぶ」

曲の振り付けをする

童謡などの音楽をかけて、1人がそれに合わせて適当に腕や足を動かして即興で振り付けをします。それをみんながまねます。振付師を順々にまわしていって、いろいろな形をやってみます。幼稚園児になったつもりでやってみてください。

風船を使う1

風船をバレーボールのように、みんなでレシーブしたり、飛ばしたりします。風船はゆっくり降りてくるので、体の動きもそれに合わせてゆったりとなります。1、2と数えながら、何回続くかやってみてもよいでしょう。数個の風船を同時に飛ばして行なう方法もあります。

風船を使う2

ペアになって、背中合わせに立ちます。背中でコミュニケーションします。押したり、揺らしたり、引いたりします。次に、背中の間に風船を入れ、運んでみます。ペアで競争したり、2組に分かれてリレーにしたり、楽しく遊んでください。

歩きながらグループを作る

受講者が教室を歩きまわりながら、お互いを少しずつ知るゲームです。ファシリテーターは、たとえば、「この中で、同じ生まれ月の人を探しましょう！」と言います。

みんなが入り交じり、お互いに尋ねまわったりつかまえたりして、どんどんグループができていく一方、相方ができないでうろうろする人も出てきます。落ちついたところで、ファシリテーターは、「このグループは何月生まれ？」と聞いて、でき上がり具合を確かめます。

そして、またばらばらになって歩きまわってもらい、別の指示を出します。

「姉弟の数が同じ人」「好きな果物が同じ人」「趣味が同じ人」「出身地が同じ人」「仕事の種類が同じ人」など。

こうしてテンポよくグループを作ったり、ほどいたりしていると、たいへん楽しい雰囲気がかもしだされます。なんといっても、自分と共通点のある人を見つけるのは、楽しいことなのです。

体をたくさん動かしたいときは、「できるだけ早く、急いで！」という指示を付け加えてもよいですが、安全には気をつけましょう。

もし、ほかに仲間がいなくてたった1人のグループになったとしても、それはそれで、自分の「ユニークさ」を誇らしく思えばよいのです！ファシリテーターは、そのように言ってあげてください。

フルーツバスケット

ミュージカルチェア（椅子取りゲーム）の1つのバリエーションです。純粋に体を使った遊びとして取り入れるのもよいし、お互いを知るためのちょっとした自己開示エクササイズにするのもよいでしょう。いわば、ことばのミュージカルチェアです。

受講者数より1つ数を少なくした椅子を丸く並べてすわります。1人がまん中に鬼として立ち、自分にもあてはまることを述べます。たとえば、「今日、朝ご飯を食べてきた人！」あるいは、単に「バナナが好きな人！」「眼鏡をかけている人！」でもよいです。それに該当する人は別の椅子にすばやく移動しなくてはなりません。その隙に、まん中にいる鬼は空いた椅子を探してすわります。椅子を取りそこねた人が、次の鬼となって、まん中に立ち、なにか考えて言います。「～の好きな人！？」。

テーマを決めたり制約をつけたりすることによって、それぞれの人の行動や、嗜好パターンが見えてくることがあります。たとえば、「このお正月休みにしたこと」をテーマにすると、ゲームが進むにつれ、それぞれの人のお正月休みの形がほのかに見えてきたりします。ほとんどの人がすると思っていたことなのに、だれも立ち上がらなかったりすると、鬼が、「ええっ！みんな、しないの？！」と驚いたりして、爆笑が起こることもあります

このゲームを違う文化圏の人どうしでやってみると、そのあとで奥深いディスカッションの糸口になったりもします。

3．お互いを知るために（自己開示）

　最初に1人ずつ簡単な自己紹介をするのは、オーソドックスなワークショップ開始の方法ですが、人数、時間、場面によっては、なんらかの制限が必要になります。もし、順番に語ってもらう普通の自己紹介の形式をとると、たとえ1人1分としても、20人なら20分以上かかります。しかも、人数が多くなるほど、全体の印象がぼんやりします。なかには、長い話をし出す人がいるもので、ファシリテーターやほかの受講者が時間を気にし出すと、それは見えないいらだちの波紋となって部屋全体をおおっていき、きわめて退屈なワークショップのスタートになってしまうおそれがあります。そうしたことを回避できるアクティビティをご紹介します。

対象		**所要時間**	**タイミング**
こども	（小学生／中高生）	**30 分**	ウォーミングアップ、本編、クールダウン
おとな	（学生／社会人）	**実施人数** 4〜30人	

実施すると効果的な場合
・なにかに取り組む前のリハーサルとして　　・未来志向の語りをしたいとき

① 未来を演じる（再会）

～このアクティビティのねらい～
・未来の夢を自由に語る
・話の自由な展開に驚きつつ楽しむ
・架空の即興劇を楽しむ
・リハーサルをして自信をつける

＊**ファシリテーター**　1人
＊**スペース**　1室（全員が入れる大きさ）
＊**テーブル・机と椅子の配置**　オープンスペース
＊**必要なもの**
　・楽しみたいという気持ち　　　　　　・動きやすい服装
　・遊びごころ

* やり方

❶ ［設定１］　仲のよかった友だちと５年後の同窓会で会うという設定で、近況を語ってもらいます。（10分）

- 「今、何してるの？」と問いかけ、お互いに「未来の近況」を語ります。大風呂敷を広げ、大ボラも吹いて、なりたい自分のプロフィールを作り上げ、やりたかったことをすでに達成している自分を語ります。また、友だちはそのような人の語りを聴いてあげます。
- いろいろな人といっぱい話すよう促します。

❷ ［設定２］　今度は、ペアになって、現在を何年か前の「過去」のこととしてしみじみ語って、もらいます。（10分）

- 「昔」こんなことを考えていた、こうなりたかった、そして、未来である「今」は、こんなふうになった。具体的なイメージを浮かべながら、すなおに語るようアドバイスします。どのあたりの未来に自分を置くのかは、それぞれの気分で。
- 大勢の人と話すときと、２人で対話するのとでは、どんな違いがあるか、感じてもらえるとよいと思います。

❸ ［設定３］　代表で演じてもらう２人を指名し、２人に「何年後」「どこで」という希望を聞いて、そのイントロを次のように言います。「今から７年後。典子さんと一郎さんは羽田空港でばったり出会います。」（10分）

- ２人は、自分の描く夢の未来を口から出まかせに即興で演じます。ほかの受講者には、観客となって楽しく見てもらいます。
- 話の展開は、２人に任せます。たとえば...

　典子（以下 N）「うわ、久しぶり！」
　一郎（以下 I）「元気そうだね。なつかしいなあ。覚えてる？　７年前のなんとかワークショップ。」
　N「ああ、あれおもしろかったね。一郎くんとはペアを組んでやったね。」
　I「そうだったね。"未来ワーク"とかしなかった？」
　N「した、した！　あの時やったことがすごく役立ってるの。」

3. お互いを知るために

I「へえ、今なにしてるの？」
N「これから、パリに行くの。フランスで働きたいと思ってたのがかなって、日本とパリを行ったり来たりしてるの。」
I「どんな仕事で？」
N「ワインの輸入。」
I「そうなんだぁ。」
N「南仏にワイン畑も持って…」
I「まさか？！」
N「ほんと。うちの旦那さんが親から受け継いだんだけど…」
I「えっ、フランスの人と結婚したの？」
N「うふ。あの時、フランス語がんばっておいてよかった。で、一郎くんは？」
I「僕はこれからドバイへ行くんだ。」
N「へえ、何しに？」
I「実は、僕もあの時のワークショップでやった目標設定がきっかけになって、ドバイを拠点に仕事がまわり始めたんだよ。」
N「すごい！」
I「中近東一帯を担当してるんだ。」
N「暑くない？ 砂漠の国でしょう？」
I「まあね。でも、どこもクーラーが効いてるから快適だよ。あ、今度、パリから日本に帰るとき、ドバイ経由にしたら？ うちのコンドミニアムには、広いゲストルームがあるから気兼ねなく泊まれるよ。夜の街は気持ちいいよ。噴水と光と音楽のショーが、毎晩見えるよ。」
N「本当にいいの？ じゃ、今度旦那さんと2人で行こうかな。」
I「楽しみにしてるよ。連絡先、交換する？」
N「うん。フランスにも来てよ…」

・思いっきり、楽しい未来を空想しちゃうのがおすすめです。
・いろいろなシチュエーションを設定してやってみるのも楽しいです。
・時間に余裕があれば、もう1組に演じてもらってよいでしょう。
・終わったあとで、何を語り、どんな気持ちになったかを、ちょっとメモしておくと、あとでおもしろい発見につながるかもしれません。日頃から、やりたいこと、かなえたいことを書き留めておくと、こうしたアクティビティがもっと気軽にできます。

② その他の「お互いを知るために」

ポイントを絞った自己紹介

最初に時間をあまりとりたくないとき、いずれあとで交流の機会があるときには、ポイントを絞った自己紹介をしてもらうとよいでしょう。「呼んでほしい名前」「どこから来たか」「自分を表わすキーワードを3つ」30秒で。それだけの自己紹介でも、情報はかなりあります。興味をひいたキーワードは、その人にあとで話をするきっかけになります。

他己紹介

ペアになってお互いにインタビューしたあとで相手を紹介し合う他己紹介は、紹介の内容を整理することができるので、普通の自己紹介より時間の予測がつき、扱いやすいと言えます。ただし、お互いのインタビューの時間を最初にきっちり決めることが大事です。往々にして、片方ばかりがしゃべり、インタビュー終了の時間が来たときに、もう1人はまだ何も伝えていない、したがって発表できないということが起こりがちです。半分経過したら、ファシリテーターは、「そろそろ、インタビューを交代してください。」と伝えることを忘れないようにします。

複数の他己紹介

受講者が多くて、全員が1人ずつ発表するだけの時間がないときは、まずペアになってお互いに紹介し合い、次に、ほかのペアと出会って、お互いに紹介します。さらに別の4人グループと出会って、また紹介し合うということをファシリテーターの指示で順次行なっていきます。一度に全員と交流しなくても、親しく話のできた人が2人、4人とゆっくり増えていくのも、受講者にとっては着実な安心感があるでしょう。

グループで自己紹介

人数が多いときは、最初からいくつかのグループに分けて自己紹介をするとよいでしょう。「複数の他己紹介」同様、ファシリテーターが全員の話を聴くことができないので、適宜グループをまわってしばらくその場にとどまり、話の内容に耳を傾けるとよいでしょう。

共通点探し1

初めての人どうしでペアになります。ファシリテーターは「2人の共通点をで

3. お互いを知るために

きるだけたくさん見つけて、紙に書き出してください。」と言います。そして、様子をみて、3〜4分後に、「あと20秒」などと終了時間を告げます。終了したら、いくつ出てきたか聞きます。「2つ以上見つけたペアは？」ぐらいから始めて、手を挙げてもらいます。「5つ以上」で挙がる手が少し減るでしょう。10個、20個、30個と上げて、まだ残っているペアがいるかもしれません。

いちばん多かったペアに、共通点を読み上げてもらいます。そして、どのようにしてたくさんの共通点を見つけたのか語ってもらいます。理由は、いろいろあるでしょう。いっぱい質問した、片方がひたすら探す役をやった、もう片方がひたすら書き留めた、など。そして、2人の名前を聞いて、皆さんに紹介します。「会ったばかりでも共通点がいっぱいあったら、仲よくなる確率は高いですね。」とコメントしてもよいし、「もっと知りたい方は、あとでお2人に聞いてみてください。」で終わってもよいです。

また、共通点をあまり見つけられなかったペアへの配慮として、次のゲームを数分行なってもよいでしょう。

「先ほどは、数のゲームでしたが、今度は、見つけた共通点のなかから、今、最も話してみたいものを1つ選んで、2人でそれについて話してみましょう。共通点をさらに深めましょう。」

共通点探し2

テーマを1つ決めて、それに合う人を探すという方法で共通点を見つけてもよいです。「今月がお誕生日の人！」「犬が好きな人」「猫が好きな人」で立ってもらったり、集まってもらったりもできます。

「このワークショップに参加した目的が似通っている人を探してください。」という指示を与えると、受講者はお互いに手早くインタビューし合うようになります。自分のことについて相手を代えて手短かに語り、相手からも聞き出します。はたして自分と目的が一緒か、少し似ているか、全然違うか、など判断しながら歩きまわります。

こうして、2分とか、3分程度のきわめて短い時間にグループがまとまっていきます。でき上がったグループごとに、共通点や参加した目的のエッセンスを語ってもらうだけで、ファシリテーターは受講者に関して大事な情報を得ることができ、また、受講者も、教室の全体像がつかめて、自分がだれと近いところにいるかがわかります。

受講者がグループに分かれて立っていれば、地図のように分類化され、視角化されて、それぞれの記憶に残ります。受講者どうしは、語ることによって自分の目的がいっそう鮮明になったり、安心したり、またほかのグループと比べることによって新しい気づきが生まれたりします。そして、同じグループになった人ど

うしは、もっとお互いを知りたくなって、休み時間に情報を交換し合ったり、ランチを一緒にしたりするようになるかもしれません。

◆以下は、それ自体がメインのアクティビティとなりうる、遊べる自己紹介です。

イマジネーションで遊ぶ自己紹介

ペアになってじっくり時間をとって自己紹介をするのですが、「1つだけ本当ではないことを入れてみましょう。」と指示します。これは、イメージをふくらませたり、自分を解き放ったりして、自分でも気づかない隠れた願望を出す方法です。それを了解していると、本当に楽しい時間を過ごすことができます。

「うそつきじゃないですか！」と心配せずに、自分にイマジネーションを許し、どんどんふくらませたらどうなるか、という遊びごころでやってもらうとよいでしょう。「うそ」には、思わぬ真実が含まれている可能性もあります。もしかしたら、本当はずっとやりたかったこと、あきらめていたことが本音として顔を出すかもしれませんし、単なるあこがれや夢だと思っていたものが、語ることによって妙に現実味を帯びるかもしれません。思いつきで話したことに、実は十分意味があり、新しい発見があったということがあります。

初めて会う人どうしだと、相手にはどの部分が本当でどの部分がそうでないのか見分けがつきません。ですから、お互いに安全にイマジネーションで遊ぶのだという了解のもとに、わくわくしながらやってみることができます。

オスカー・ワイルドのことばに、「仮面を与えよ、人は真実を語るだろう。」というのがあります。遊びごころに満ちた自己紹介を体験してみることで、自分でも気がつかなかった自分に出会えるかもしれないのです。少人数で、安心できる環境が醸成される場合に試みるのがよいでしょう。

アクティビティとしての注意点は、十分納得のいく時間がとれること、また、あとでどの部分が本当でなかったのかを相手に伝え、しっかり振り返る時間があること、そして、ファシリテーターが全体のシェアリングをきちんとリードすることです。

別人になって自己紹介

これは、一部ではなく、すべてが虚構になる自己紹介です。遊びとして、自己紹介のプロセスを純粋に楽しみたいときに取り入れるとよいでしょう。また、自分ではない人の立場に真剣に立ってみるという意味では、異文化コミュニケーションのエッセンスを体験するエクササイズにもなりえます。つまり、自分ではない他人の心と体に想像力を使って実際に入り込むという魔法ができてしまうという点で、すぐれたゲームです。

やり方は、自分ではない人になってみる、ただそれだけです。とっさに思いついたものでよいのです。でたらめに想像してしゃべっているうちに、ふと真実が垣間見えたりします。演劇人スタニスラフスキーは、「魔法のもしも」という手法を提唱しています。彼によると、まさに、この「もしも」を通してこそ、俳優のインスピレーションへの扉が開かれるといいます。想像力との同一化ができるのです。

このエクササイズをこれまで何度もワークショップで行ないましたが、受講者はとても楽しんでくれます。比較的無理なく虚構の世界に入る1つの方法です。

違う年齢の自分として自己紹介

時空を超える自分を体験し、それを今の自分として紹介する方法です。なりたい年齢になる、というのはなかなか魅力的なもので、若者になったり、ティーンエイジャーになってみたりして、楽しい会話ができます。さらにずっと昔の子どもの頃に戻ってみると、埋もれていた楽しい記憶が鮮明によみがえることがあります。過去の自分が新鮮に感じられ、たくさんの元気をもらえるかもしれません。

あるいは、未来の自分になりきることによって、またもや想像力と「魔法のもしも」が生きいきと活躍し出すかもしれません。過去の自分であれ、未来の自分であれ、自分がなりたい年齢になるのは楽しいアクティビティです。ただ、選んだ年齢に本人が気づかなかった影やトラウマがあったりすると、場合によってはほろりと涙の場面が出るかもしれません。もし、それ以上深刻になりそうならば、ファシリテーターとしては、なんらかの心の準備と対策が必要になるかもしれません。

あこがれの人になって自己紹介

自分があこがれの人物になったと想像して、その人になりきる。そして、だれかにインタビューされるという場面を設定してもよいでしょう。自分がなりたい未来を生きいきと詳細に体験することは、未来を現実に引き寄せる「未来ワーク」になります。

4. 感情の表現

コミュニケーションは、必ずしも意味のあることばで行なわれるとはかぎりません。声を発するという基本に戻って、声を感情に乗せて出すことを楽しむエクササイズを集めてみました。

対象	所要時間	タイミング
こども （幼児/ 小学生/ 中高生） おとな （学生/ 社会人）	10分	ウォーミングアップ
	実施人数 4～30人	

実施すると効果的な場合
・顔の表情筋をやわらかくしたいとき
・コミュニケーションに表情をつけたいとき
・練習だと割り切ってトライする気運にあるとき

① 感情を顔で表現する

～このアクティビティのねらい～
・表情を豊かにする
・自分が表わしていると思っている表情と相手が受け取る感情のギャップに気づく
・大げさな演技に慣れる
・顔の筋肉の動きをスムーズにする
・表出する感情を自由に制御する

*ファシリテーター　1人
*スペース　1室（全員が入れる大きさ）
*テーブル・机と椅子の配置　オープンスペースまたはペア形式（対面、机なし）
*必要なもの
　・楽しみたいという気持ち　　　　・子どものこころ

*やり方

❶「ペアになって、向かい合ってください。」と言って、向かい合って（すわって）もらいます。

4. 感情の表現

❷「これから、顔の表情をつくっていきます。では、お互いに、びっくりした表情をしましょう。」と指示を出します。

・「いいですね！ もっと、驚けますか？」と調子に乗せましょう。
・今までやったことのないほど大げさにするのがコツです。

❸「もっとびっくりしてください。これ以上驚けないほど。」と発破をかけます。

・がんばっている受講者の様子を見て、次のように声をかけるとよいでしょう。
　「いいですね！ おっと、顎をはずさないように。」
　「かなり筋肉を使いますね～。ふだん動かさない顔の筋肉をいっぱい使いますよ。」

❹「はい、今度は、笑顔を作りましょう。」と指示を変えます。

・次のような声かけで笑顔を引き出しましょう。
　「うれし～いです！ 笑って、笑って。」
　「あなたの魅力は、笑顔から！」
　「とびっきりの、ダイヤモンドスマイルですよ！」

❺「あと1センチ、口角を上げて！ もっと！」と発破をかけます。

・受講者がある程度がんばったのを確認したら、次のような声かけで、いったん顔の筋肉を休ませてあげるとよいでしょう。
　「いいですね。みんなすばらしい笑顔美人。笑顔男子。はい、お疲れ様。顔を両手で少しマッサージしてあげましょう。」

❻「次は泣き顔です。とても、とても悲しい。」と指示を出します。

- 子どもが泣くときのようにくしゃくしゃの顔をします。
- 「心も子どもになりましょう。」とアドバイスするとよいでしょう。

❼「もっと、くしゃくしゃの顔をして!」と発破をかけます。

- 「そうそう、いいですね。ものすごい顔面運動!」などと言って、なごませましょう。

❽「では、最後に思いきり腹を立てましょう。」と指示を変えます。

- 「めちゃめちゃすごい顔面運動!」と言うと、笑いが起こってさらになごんだ雰囲気になるでしょう。

❾「いやなこと、腹の立ったことを、表情と一緒に外に出すイメージでやるといいですよ。」とアドバイスします。

- 受講者がやり切った感じを見届けたら、「表情に出しきりましたか? では、お顔のマッサージをしましょう。」と言って、ファシリテーターが顔を両手でマッサージして見せます。
- いろいろな感情を大げさに出す練習はみんなでやると楽しいものです。

② その他の「感情の表現」

いろいろな声で感情を表現する

　動物の鳴き声、悲鳴、うめき声など、ファシリテーターの指令で各自が同時に発声してみます。あるいは、「悲しい」とか「うれしい」「怒っている」など、感情を表わすことばを聞いて、各自がそれに合った表現をします。

感情あてゲーム

　グループのなかの1人が外に出ます。その間に、みんなで感情を表わすことばを1つ選びます。「怒り」「悲しみ」「喜び」「失意」「希望」など。それをみんながそれぞれ、表情や体で表現しているところに、頃合いを見計らって入ってきた人は、その「感情」が何かをあてます。次に、また1人が外に出て、別の感情で、を順にやります。

　感情を書いたカードをランダムに引いてもよいし、その感情をひき起こした具体的な状況に設定してもおもしろいです。

ジェスチャー伝達ゲーム

　1人が1つのメッセージを伝える動作をします。それを次の人だけが見て、まねて伝えていきます。その間、残りの人は後ろ向きになっています。こうして、順々に伝えていき、最後の人にどのように伝わったかをことばで表わしてもらいます。受講者を2チームに分け、それぞれで列を作り、同じメッセージを伝える競争にしてもよいでしょう。

ジブリッシュ（デタラメ語）

　意味の通じないことば、ジブリッシュ（デタラメ語）を各自が即興で作り、声とイントネーションでお互いにコミュニケーションをします。子どもになったつもりでやってみるとけっこう楽しいものです。意味がわからなくても、身振りや声のトーンやイントネーションでなんとなく相手の言うことがわかったりします。

　ダンサーの京極朋彦さんは、ダンスに声の感情を乗せるという試みをしていますが、それにはデタラメ語を使っています。発声が伴うことで、真剣な気持ちも、コミカルな様子も、体の動きと連動させることができます。

　ただ、京極さんのデタラメ語は、全くのデタラメというのではなく一定のルールがあって、同じ場面で同じことばが繰り返されるとなんとなく意味がわかってくるのです。京極さんは、ヨーロッパやメキシコなど世界各地でデタラメ語のダ

ンスをして人気を博しました。海外のダンサーたちにデタラメ語のダンスを振り付けしたりもします。

　京極さんが行なうデタラメ語によるコミュニケーション・ワークショップには、さまざまな工夫があり、少しずつ難易度を高めて、最後には受講者がデタラメ語で劇を作ったりします。その途中で、「感情は伝わるけれど、内容の詳細はわからない」という点を利用して、「不快なできごとをデタラメ語で語る」というのがあります。聴き手がその感情をしっかり受け止めてくれるので、話し手は安心して、私的な愚痴や悪口までも思いきり話すことができます。そして、秘密も守れます。受講者には、「ああ、すっきりした。」と評判のようです。

　外国人が参加している場合も、同じようにデタラメ語で遊べるというのもおもしろいところです。

5. 共同作業

　相手や仲間に心を寄せるには、ことばよりも感覚をとぎすますことが大事です。よく聴き、観察し、相手と一体化する試みをしましょう。相手を「まねること」（ミラーリング）は特に重要です。

対象	所要時間	タイミング
こども　（小学生(高学年)/中高生）	30 分	ウォーミングアップ、本編
おとな　（学生/社会人）	実施人数　4〜30人	

実施すると効果的な場合
・相手に共感を伝えたいとき
・相手が気持ちよく話すのをサポートしたいとき
・4「① 感情を顔で表現する」のあとのメインのアクティビティとして

① 共感して聴く

～このアクティビティのねらい～
・共感力を高める
・よい聴き手になる
・相手を表情とことばでサポートする方法を知る

＊**ファシリテーター**　1人
＊**スペース**　1室(全員が入れる大きさ)
＊**テーブル・机と椅子の配置**　ペア形式(対面)
＊**必要なもの**
　・楽しみたいという気持ち　　　・子どものこころ
　・相手と共感したい気持ち　　　・A4の紙と鉛筆×人数分
　(・感想を書いてもらう紙×人数分)
＊**シート**　指示カード
＊**事前準備**　指示カードの作成(人数分)

＊やり方

> ❶ ペアを作ってもらい、各自に紙と鉛筆を渡し、以下の準備をしてもらいます。（5分）

- A4の紙を4つに折って4つのスペースを作り、そこに、これまでの人生の語れるエピソードでいちばん「1．びっくりしたこと」「2．うれしかったこと」「3．悲しかったこと」「4．腹が立ったこと」を挙げてもらいます。
- それぞれのエピソードでのキーワードを書き入れてもらいます。
- 出てこないところは、無理に書かなくてもよいです。

> ❷ 語り手と聴き手を決めて、語り手に話の構成を考えてもらいます。（2分）

- その間に、聴き手になった人に、次のような指示カードを渡します。語り手には見せないようにして、よく読んで、実行してもらいます。

指示カード

1. 相手の話を全身でしっかり聴きます。視線を合わせ、あいづち、うなずきを適切に入れます。
2. 相手が感じている感情に合わせて、自分の**顔の表情をふだんの倍以上大きく**します。
3. ことばもできるだけ大きくリアクションします。
   （例）「えっ、本当？！　驚きです！」
   　　　「うわー、よかったですね！」
   　　　「それは、さぞ大変だったでしょう！」
   　　　「それで？！」
4. 上記以外の余計なことは言わないようにします（「そういえば、私にも似たようなことがあった。」と自分のことを語り始めるとか、「それは、いけないんじゃない？」と批判的な発言をするとか）。

> ❸ 「では、始めます。4分間話してください。」と言って、語り手に話してもらいます。（4分）

5. 共同作業

- 語り手は、4つのエピソードのどれからでもよいので、相手に聴いてほしい話を始めます。そのときの感情を思い出しながら話します。
- すべてのエピソードを続けて語ってもよいし、1つや2つだけでもよいです。
- 聴く人は、相手の話をじっくり聴き、要所要所でしっかり反応をします。大げさすぎるぐらい表情もつけて。
- ファシリテーターは、静かにまわって歩き、それぞれのペアの話の様子を観察します。観察したことは、あとでコメントが必要だと思ったら、伝えてください。

❹「そろそろ時間です。きりのよいところで話を終えてください。」と終了を告げ、どうだったかを、お互い伝え合ってもらいます。(4分)

- 次のような点について伝えてもらいます。
    1. 話をした人は、以下を聴き手に伝えます。
        「話をよく聴いてもらった気がするか」
        「いつもより話しやすかったか」
        「聴き手の反応は、自然／不自然だったか」
        「その他、語り手になって気づいたこと」
    2. 聴き手になった人は、以下を語り手に伝えます。
        「聴き手として心がけたこと」
        「うまくできたところと、そうでないところ」
        「じょうずに聴けたと思うかどうか」
        「聴き手の姿勢が、語り手にどのように影響したと思っていたか」
        「大きなリアクションをすることについてどのように思っていたか」

❺ 聴き手と語り手の役割を交代してもらいます。(2分)

- 新しい語り手は、自分の話の構成を考えます。
- その間に新しい聴き手は、前の聴き手から「聴き手用の指示カード」を受け取り、読みます。

❻「では、始めます。また、4分間話してください。」と言って、新しい語り手に話してもらいます。（4分）

・❸と同じ要領です。

❼「そろそろ時間です。きりのよいところで話を終えてください。」と終了を告げ、どうだったかを、お互い伝え合ってもらいます。（4分）

・❹と同じ要領です。

❽「終了です。」と告げます。

・「はい、お疲れ様でした。」と続けてもよいでしょう。

❾「いかがでしたか？ 話をしたり、聴いたりして、どんな気持ちになったか、何が起こったか、みんなに伝えたい人は、どうぞ、話してください。」と、最後に、口頭で感想を聞きます。

・感想を紙に書いてもらってもよいでしょう。
・指示カードを持っていない半分の受講者に、持ち帰り用に配付します。

5. 共同作業

対象	所要時間	タイミング
こども （ 幼児/ 小学生/ 中高生）	20分	ウォーミングアップ
おとな （ 学生/ 社会人）	実施人数 4〜30人	

実施すると効果的な場合
・チームワークを効果的にしたいとき
・チームの中で自分が果たせる役割について知りたいとき

② 2人で描く「マイハウス」

~このアクティビティのねらい~
・共同作業のこつを体感する
・協力の仕方にバリエーションがあることを知る
・自分の協力パターンを知る

*ファシリテーター　1人
*スペース　1室(全員が入れる大きさ)
*テーブル・机と椅子の配置　スクール形式→島型形式(机あり、4人)

*必要なもの
　・遊びごころ　・画用紙と鉛筆×受講者の半分の数
　(・感想を書いてもらう紙×人数分)

*やり方

❶ ペアを作ってもらいます。

・各ペアに画用紙1枚、鉛筆1本を配ります。

❷「1本の鉛筆を2人で持って"理想の家"の絵を描いてもらいます。お互いにことばは使わず、だまって描いてください。時間は4分間です。どうぞ。」と指示を出します。(4分)

- 「えっ？！」という声が上がるかもしれませんが、ファシリテーターは、にこにこして、あたりまえのように言います。
- ファシリテーターは、描いている間、暖かく様子を見守りましょう。

❸ 「はい、描くのをやめてください。」と言います。

- 緊張のあと、受講者はほっとしています。お好みで、次のようなことばを続けてかけてもよいでしょう。
 「なんの質問もできないまま、黙って絵を描く皆さま、お疲れ様でした。もう、お話ししてもいいですよ。」

❹ でき上がった絵を眺めて、2人でしみじみ語り合ってもらいます。（3分）

- ファシリテーターは、話の糸口になるよう、次のような質問をいくつか静かに言います。
 「初めは、どちらがリードしましたか？」
 「描き始めたら、何が起こりましたか？」
 「ことばで言えない分を補うためにどんなことをしましたか？」
 「本当はどんな絵を描きたかったのでしょうか？」
 「リードは交互に行なえましたか？」
 「どのような気持ちになったでしょうか？」
 「絵のでき具合に2人で点数をつけると何点ぐらいでしょうか？」

❺ 2人で相談して、描いた絵にタイトルをつけてもらいます。（2分）

- 1つに決まらなかったら、2つでもよいと補足します。
- 緊張を解くため、冗談を言ってもよいですね。
 「いっそ、3つぐらいつけちゃいましょうか。」

5. 共同作業

❻ ペア２組で集まってチームを作り、それぞれの絵のタイトルや、自分たちでつけた点数などを伝え合ってもらいます。（6分）

・さらに、次のような質問を投げかけてみます。
　「絵を描いているとき、何がいちばんおもしろかったですか？」
　「絵を描いているとき、困ったことはありましたか？」
　「もう一度このアクティビティをするとしたら、どのようにやりたいですか？」
　「絵を描いてみて気づいたことは、なにかありますか？」
　「このアクティビティをする前とあとでは、自分自身になにか変化が起こりましたか？」
・もし、ぐずぐずしてチーム作りが進まないときは、次のように言ってみましょう。
　「近くにいるペアをすぐ捕まえましょう。」
・奇数組で１組余る場合は、３組６人チームでやるようにすすめます。
・受講者が少ない(12人未満)ときは、２組４人チームを作らず、全体でシェアしてもよいです。
・最後に感想を紙に書いてもらったりしてもよいでしょう。

◎このアクティビティでは、お互いの手が触れ合います。人の体に触れるのが苦手な人もいるので、緊張感が走ることもあります。無理強いはしなくてよいです。「見学」もありです。ここでのねらいは、ことばを超えてのコミュニケーションの入口体験です。
◎日本人どうしは、遠慮し合ったり、ためらったりすることがよくありますが、海外では、たまたま強い性質をもった２人の力が激しくぶつかって、絵が描けなくなったりすることもあります。そんなときは、これはただの遊びだと現実に戻って、ユーモアで解消します。最初は仲よしどうしで遊んでみるのが無難な方法です。

③ その他の「共同作業」

ミラーエクササイズ

　ドラマセラピーの第一人者であるルネ・エムナーは、「他の人と共感するさまざまな方法のなかで、ミラーエクササイズを通して相手の人になるという方法より偉大な方法はないと思う。」と言い切っています（Emunah 1994）。

　ミラーエクササイズは、ミラーリングとも呼ばれていますが、最初は、相手の動きをそのまままねます。また、物理的な動きだけでなく、心の動きや、感情にも入り込むようになります。そのためには、息を合わせたり、表情を合わせたりします。相手と体も心も一体となることで、やがて、どちらがまねする側か、まねされる側かがわからなくなるぐらい、お互いがコーディネートしていくプロセスを楽しめると、ミラーエクササイズが本当にすばらしいものだとわかります。

　コミュニケーションのベースは、ラポール（相手と心を合わせること）です。ラポールを築く１つの方法がミラーリングです。相手の立場にどこまで入れるかというとき、まずはその人を無心に忠実にまねることから始まるのは、うなずけることです。異文化の場でも、カウンセリングでも、相手を理解し、信頼を得るための第一歩はラポールです。しかも、相手をまねていると気づかれないようにしなくてはなりません。まねようという意識を消すことが大事です。自然なラポールは、意識的でなく無意識的です。

　相手を理解するトレーニングとして行なうときは、最初は、お互いが了解のうえで、お互いをまねることを意識的にやってみます。まねることにはずかしさがあって、このエクササイズが得意ではないという人もいますが、習熟するにつれ、エムナーの言うことがわかるようになります。人を相手にする職業の人にとって、最も大事なのは共感力です。それを伸ばすためには、毎日の訓練として生活に取り入れることもできます。

　日常的には、家族のだれかをミラーリングの相手に選んでこっそりまねしてみるとか、子どもになりきって言動をまねてみる、というところから取り組めます。

　家の猫や犬のまねは、飼い主ならすでにやったことがあるかもしれません。赤ちゃんに話しかけるときは、ほとんどの人が赤ちゃんことばを使い、気持ちは赤ちゃんになっています。赤ちゃんを抱っこする人は、無意識のうちに赤ちゃんと呼吸を合わせ、それで安心した赤ちゃんはすやすやと眠ります。仲のよい恋人どうしはお互いに気づかずともまねをし合っています。長年連れ添った老夫婦がお互いよく似てくるのも、うなずけることです。私たちは、無意識のうちにお互いにまねてしまうのです（脳のミラーニューロンのせいだと言われています）。

5. 共同作業

　練習のために、電車で斜め向かいにすわった人の動きをまねするという人もいます。相手のまねをしているうちに、相手が無意識にこちらのまねをし始めたりしてもびっくりしないように。ミラーリングがうまくいっているということです。
　公共の場ではくれぐれも気づかれないように、失礼のないように、視線を合わせないように。

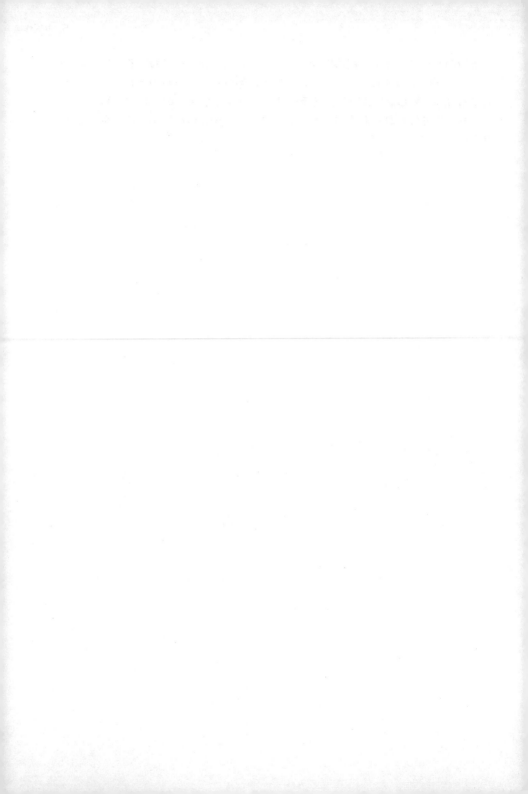

第3部

グループ・アクティビティ

第3部

　ここに集められているのは、グループで協力し合って行なうアクティビティです。ほとんど「ゲーム」と呼んでもよいかもしれません。絵を描いたり、パズルをしたり、お話やものを作ったりしながら、相手の話すことに耳を傾けます。あるいは、お互いに知恵を出したり、工夫したりして課題をこなします。グループでやってこそ楽しく、いろいろな気づきがあり、コミュニケーション力も鍛えられます。30分から1時間でできるものが中心です。2時間を超えるものもありますが、「遊び」として取り組むと、あっという間に楽しく過ぎていくでしょう。

1．バック・トゥ・バック（45〜60分）
　このアクティビティをすると、ことばの限界や自分の思い込みに気づくかもしれません。それによって、ことばによる表現力や説明力がきっと伸びます。絵を描いたりしますが、子どものころを思い出して、楽しく取り組むとよいでしょう。

2．ズーム（30分）
　一種のパズルゲームです。動きまわって、話すことで解決の糸口が見つかります。コミュニケーション力とともに、直感力・推理力・質問力・説明力などが鍛えられます。

3．ストーリーテリング（40〜60分）
　この方法を使うと、お話ってこんなに簡単に作れるものだったの！と感心するでしょう。だれもがクリエイティブで奇想天外なお話をあっという間に作れてしまいます。それをお互いに披露するのも、聴くのも楽しいアクティビティです。お話の冒険を楽しんでください。

4．ワカジャリー（110分）
　第4部のシミュレーションに入れてもよいものですが、チームワーク体験がメインなので、ここに入っています。ある会社の工場で働くという設定です。みんなですてきな「製品」を作ります。チームに分かれて、与えられた材料と道具を使って、どうやったら会社の期待に添えるか、社員一同、品質の向上や生産力の強化を目指します。でも、一生懸命やっていると、時々「あれ？」ということが起きて、職場はいつしか大混乱。それでも、けっこう達成感のある楽しいアクティビティです。職場での個人の働き方、チームワーク、厳しい現実への対応など、リアルワールドの縮図が実感できるかもしれません。実施するには、主催者側での事前準備が少々必要です。しかし、使う材料や道具は、簡単に手に入るものばかりです。ちなみに、1度やってみて、ゲームの趣旨がわかったら、次に実施するときは材料もルールも、好きなようにカスタマイズしてもよいです。

いろいろなバリエーションで楽しんでください。

5．最も幸せなとき（120〜180分）
　このアクティビティには2〜3時間かけて、絵を描き、それについての話を聴いてもらったり、また、聴き手になったりします。自分の話したことを別の人がもう一度そのまま話してくれる「リテリング(re-telling)」もあります。こうしたお互いのやりとりのなかで、自分が気づいていない自身の思いが明らかになっていき、自分のこれから進むべき道筋がはっきりと見えてきます。お互いにビジョンや夢を語り合うことの楽しさが発見できます。1人でいろいろ考えているより、グループの中での何気ない話が気づきを与えてくれたり、なんらかの心の変化をもたらしたりします。あまりにも楽しいので、私たち（本書の筆者たち）は、何度もこのアクティビティに取り組みました。絵もたくさん描きました。初めての人どうしでも、抵抗なく話が楽しめるような仕組みになっていますので、まずは気楽に取り組んでみてください。また、このアクティビティは、組織が進むべき道に迷っているとき、組織のメンバーが一緒に取り組むアクティビティとしてもとても有効です。

対象	所要時間	タイミング
こども（小学生（高学年）/中高生）	45〜60分	本編
おとな（学生/社会人）	実施人数 6〜50人	

実施すると効果的な場合
・ことばによるミスコミュニケーションが生じている場合

1. バック・トゥ・バック (Back to Back)

〜このアクティビティのねらい〜
- ことばによる正確な表現力を養う
- ことばの意味に関して自分が持っている思い込みに気づく
- 意味を伝達するためには、ことばだけでなく、非言語コミュニケーションが重要であることに気づく

* **ファシリテーター** 1人
（受講者が20人を超えた場合は2人（メイン1人、サブ1人））

* **スペース** 1室（全員が入れる大きさ）

* **テーブル・机と椅子の配置** スクール形式→ペア形式（背中合わせ）

* **必要なもの**
- 2枚の画用紙×人数分
- 鉛筆（色鉛筆でも可）と消しゴム×人数分

* **時間割例**

13:30	●導入
	・アクティビティの説明、配付
13:40	●本番
	・絵を描いてもらう
13:45	・ペアを作ってもらう
	〈速やかに移動〉
13:47	・コピーの作成（1人5分ずつ）
14:00	●振り返り
14:30	終了

1. バック・トゥ・バック

＊やり方
　導入

❶ 全員着席してもらい、各自に２枚の画用紙、鉛筆１本、消しゴム１個を配布します。

本番

❷ 「これから１分間で簡単な絵を描いてもらいます。漫画のキャラクターや標識、商品のロゴなどはいけません。山や川の風景、ペットや愛用のコーヒーカップ、何でもいいですが、オリジナルな自分の絵を描いてください。」と伝えます。（１分）

・絵のじょうずへたは関係ありません。気軽に描いてもらいます。
　時間を計って、１分でストップ。でも、あまりにも描けていない場合は30～60秒延長しても可。

❸ 描いた絵の右下に名前を書いて、絵が見えないように２つ折りにしてもらいます。その絵と画用紙、鉛筆、消しゴムを持って移動して、ペアになります。絵は決してだれにも見せません。

・移動の仕方を指示します。移動したあとでペアになります。
　速やかに移動できるよう指示はてきぱきと明快に。

❹ ペアになった人はそれぞれ背中合わせですわります。

・椅子を背中合わせになるように少し動かします。
・この間、絵は決して相手に見せないように注意します。

❺ 初めに自分の絵を口頭で伝える人、聴いてその絵の100％コピーを作る人を決めてもらいます。ことばだけで絵を説明します。説明する人も説明を聴いて描く人も、相手の絵を見てはいけません。（５分）

65

- お互いに相手の絵を見ないで、ことばによる説明を聴いただけで、100％コピーを作ることを強調します。
- 聴き手は話し手に質問してもかまいません。話し手はできるだけ正確に相手にわかりやすいことばで肩越しに説明するよう指示します。絵を見せ合ってはいけません。

❻ 役割を交代してもらいます。（5分）

- 時間は1回目と同じ長さにしましょう。
- ことばを尽くして正確に説明するよう促します。

❼ 時間が来たら鉛筆を置いて、作業を終わらせます。

振り返り

❽ 描いた絵をお互いに見せ合います。お互いの絵を見ながら、正確に伝わったか、伝わらなかったところはどこかをチェックします。なぜうまく情報が伝わらなかったか理由を考えてもらいましょう。

- じょうずへたではなく正確なコピーができたかをチェックします。絵全体の大きさ、絵の位置、絵の雰囲気などに注目してもらいましょう。以下について考えてもらうとよいでしょう。
    「絵全体の印象はどうか。コピーになっているか」
    「正確に伝わらなかったのはどんなところか」
    「どんな理由で正確に伝わらなかったのか」
    「ことばだけで正確にコミュニケーションできるか」
    「ことば以外にどのようなものがコミュニケーションには必要なのか」
- 全員で絵を見てまわってもよいですし、ペアで発表してもらってもよいでしょう。
- 直線は伝わりやすく、曲線や質感はことばでは伝わりにくいものです。ことばだけではコミュニケーションが不正確になることを実感してもらいましょう。

- さらに、大切なのは思い込みや先入観で描いてしまうことが多いことに気づくことです。ことばの限界、自分の思い込みの影響の強さに気づいてもらいましょう。「日常生活でも相手の言ったことを自分の思い込みで解釈して、わかったつもりになっていませんか？ 正確に相手の言っていることを知るためにはどのような心の持ちよう、思考方法、そして言動が必要でしょうか？」と問うとよいでしょう。

対象	所要時間	タイミング
こども（小学生(中学年〜)/中高生） おとな（学生/社会人）	30分	ウォーミングアップ、本編、中だるみ防止
	実施人数	
	10〜30人（31〜60人でも可能 やり方❷参照）	

実施すると効果的な場合
・チームビルディングしたいとき
・外国語のスピーキングの練習をしたいとき

2. ズーム(Zoom)

〜このアクティビティのねらい〜
・知らない人どうしが短時間で仲よくなれる
・問題解決に向けてグループで助け合う力を身につける
・相手が理解できるように説明する練習

* **ファシリテーター** 1人
* **スペース** 1室（全員が入れる大きさ）
* **テーブル・机と椅子の配置** スクール形式→オープンスペース→スクール形式
* **必要なもの**
　・バンニャイの絵本「ズーム(Zoom)」1冊、または「リズーム(Re-Zoom)」1冊
　・小学生の場合は、絵を説明できること
　・感想を書いてもらう紙×人数分
* **事前準備** 絵本「ズーム」または「リズーム」から絵を作成
　・全30枚の絵を1枚ずつばらす。ばらしたものをそのまま使用してもよいが、ラミネート加工したほうが、受講者が持ちやすく、また紙の破損も防げる。
　・正解がわかるようにもう1冊購入しておくか、順番どおりにコピーしておく。
　・初回は少し絵が簡単な「ズーム」、2回目は「リズーム」を使用するとよい。
　・受講者の人数が事前にわかる場合は、人数分の絵を用意し、順番をランダムに並べ替えておくとよい。

2. ズーム

＊**時間割例**

13：30	●導入 ・アクティビティの説明 ・絵を配付
13：35	●本番 ・お互いの絵を説明し合う ・順番に並ぶ ・答え合わせ
13：50	●振り返り
14：00	終了

＊**やり方**

導入

> ❶ アクティビティの説明をします。（5分程度）
> 「これから絵本のページをばらばらに配ります。その絵はほかの人に見せないようにしてください。お互いに絵を説明し合って、時間内に絵が物語の順番どおりにつながるように並んでください。まずは、隣の人とお互いの絵について説明し合ってください。その後は、できるだけ多くの人と絵の説明をし合うようにしてください。身振りや手振りを使ってもいいです。」

- この時に絵の詳細を相手に伝えるように説明します。
- 絵を順番に見せるのは全員が並び終わってからなので、それまではほかの人に絵を見せないように注意します。
- 受講者によっては、「ズーム」は遠くから描かれた絵で始まることを説明すると、始まりがわかりやすいでしょう。また、「リズーム」は近くから描かれた絵がだんだん遠ざかっていく絵になることを説明するとわかりやすいでしょう。
- だれかから声をかけられるのを待つのではなく、自分から積極的に声をかけることを伝えます。
- お互いに協力し合うことが、このアクティビティがうまくいくポイントだと伝えます。
- 授業でやる場合は、時間内にできたらポイントとして成績に加算することもできます。

❷ 全員立ってもらい、絵を裏返しで配布します。

- 受講者が30人以上の場合は、2人で1枚の絵にします。
- 受講者が30人以下の場合は、順番の区切りがいい、わかりやすいページから始めるとよいでしょう。
- 絵をもらったら、ほかの人に見せないようにします。自分の背後から見られたりもしないように注意します。
- 配布する際は、順番どおりに渡さないように気をつけましょう。事前に順番を変えておくと渡しやすいです。

本番

❸ アクティビティを始めます。
「それでは、これからお互いの絵を説明し合って、時間内に全員の絵が順番になるようにU字型に並んでください。教室の前方を正面に向いて、右側から左側へ順番に並んでください。」(10分)

- 絵の詳細を相手に伝えるように指示します。
- 1人でいる受講者がいたら、ほかの受講者と話せるようにサポートしましょう。
- 同じ絵でも人によって解釈が違うので、ファシリテーターは受講者がどう説明しているか観察します。(例:手を上げている絵を見て「バイバイしている絵」または「挨拶している絵」と異なる解釈をするなど。振り返りのときに気がついた点として受講者に伝えるとよいでしょう。)
- U字型を作れない場合は円でもよいです。全員が見やすいように並びます。

❹ 時間になったら、または全員が順番に並び終わったら、最初の人から絵を全員に見せて簡単に説明してもらいます。(3分)

- 絵の説明が長くならないように、簡潔に話すようにファシリテーターは気をつけます。

❺ 絵の説明をしてもらったあとに、ファシリテーターはその位置に入る正しい順番の絵を見せて答え合わせをします。絵の順番が違っていたら、場所を交換し、正しい順に並んでもらいます。（2分）

・答え合わせをする前に、間違っても責めないことを伝えます。

❻ 終わったら、着席してもらいます。成功しても、成功しなくても、受講者をほめましょう。

・絵を回収します。

振り返り

❼ 受講者全員に感想や意見を言ってもらいます。（7分）

・ファシリテーターからいくつか質問します。たとえば...
「渡された絵を見た時にどう説明しようと思いましたか？」（回答例：「なに、この絵！どこから説明しようかな？」と思いました。）
「ほかの人の絵の説明を聴いてどう思いましたか？」（回答例：だれも空のことを言わないので自分だけしか空がないのかなと不安になった。）
「いろんな人と絵の説明をしていくうちに、どのようなことを思いましたか？」（回答例：同じような絵の人が見つからず焦ってきたときに、話した相手と共通のことが見つかって安心した。）
「絵の順番が決まり始めてどう思いましたか？」（回答例：2～3人の人と絵が続いていることがわかってうれしかった。）
「絵の順番がつながるようにどのようなことに注意しましたか？」（回答例：後半からなるべく絵の中にあるものをたくさん説明して、相手と共通なものがないか話すようにしました。）
「終わってみて、次にこのアクティビティをやる人にどのようなアドバイスをしますか？」（回答例：どんどん絵の中にあるものを話す。だれかが話しかけてくれるのを待っていたらだめ、口数が少なくてもだめ。はずかしがらずに説明する。）
「このアクティビティから何を学びましたか？」（回答例：自分の絵の解

釈がほかの人と違うと、コミュニケーションがうまくいかない。たとえば、ある人を"ビーチにいる人"ではなく、ずっと"俳優"と説明していたら、だれの絵ともつながらなかった。）
- ファシリテーターが気づいたことも言いましょう。たとえば、同じ絵でも人によって解釈が違うなど。

> ❽ 感想や気づきなどを書いてもらいます。（3分）

- 最後にファシリテーターは、よかったポイントなどを挙げて受講者をほめましょう。どこが悪かったかなどは言いません。

受講者の感想（英語の授業で行なったとき）

- 日本人は察することが得意だけど、お互いに理解するには話すことが大切だ。話さなかったらなおさら異なる解釈になるということを学んだ。（大学生）

- 1枚の絵をぱっと見たときに何がメインポイントで、何を説明すればわかりやすいかの判断が必要だと思った。説明するとき、1つの単語を用意するのではなく、何個かの単語で表わせるといいと思った。（大学生）

- 積極的に自分からわからないことを人に聞いていくこと、そして貧しいボキャブラリーの中からいかに相手に伝わる英語を話せばいいのかを学びました。人に質問されなくても自分から発信することで円滑に進むこともわかりました。（大学生）

- I have learned that I should explain the picture in more detail. The pronunciation of a word is also important to let people understand my information.（留学生・大学生）

- I have learned how to communicate and take more initiative with this activity. I should not wait for others to talk to me.（留学生・大学生）

- 以前にZoomを日本語でやり、今回はRe-Zoomを英語でやったが、Zoomのときは日本語でなおかつ少し簡単な絵だったので比較的わかりやすかった。今回は英語だけを使ってややむずかしい絵を説明しなければならなかったので、自分と関連しそうな絵を、適切なコミュニケーションで探すのが大変だった。適切な語句、リーダーシップ、積極性など、コミュニケーションに必要不可欠

な要素がたくさんあると感じた。(大学生)

受講者の感想(日本語で行なったとき)

- あたりまえのことかもしれませんが、自分から積極的に話しかけるのがやはり大事だと思いました。迷っている間に気づいたらけっこう時間が経ってしまってくやしいと思いました。また、自分からもっとたくさん質問をするべきだったと思いました。(大学生)

- 自分がいらないと思った情報でも相手からしたら大事な情報になるということ。また、絵に描いてあることだけでなく、時間帯や絵の距離感など、できるだけ詳細を相手に教えてあげる必要があると思いました。(大学生)

- ペアを見つけて「何が描いてある?」と聞いたり、自分の絵を説明するだけでなく、途中からある程度、だれにどのような絵が描かれてあったかを把握でき始めたら、「これが描いてある人!」というようにクラス全体に問いかけて、全員で協力したほうがいいと思いました。はずかしがらずに積極的にクラス全体に発信することが大切だと思いました。(大学生)

- このアクティビティは、自分の情報を伝えることだけに集中するのではなく、相手の絵を想像しながら、聴いて理解することも大切だと感じました。また、そこに描かれていることすべてを伝えないと正確に伝えることはできないことを実感しました。(大学生)

対象		所要時間	タイミング
こども	(小学生/中高生)	40～60分	本編
おとな	(学生/社会人)	実施人数 4～30人 (1グループは4～5人)	

実施すると効果的な場合
- 話すことが苦手な場合
- 固定観念にとらわれている場合
- 自分の想像力に自信がない場合

3. ストーリーテリング (Story Telling)

〜このアクティビティのねらい〜
- 自由に発想し、物語を展開できる自分に気づく
- とらわれている部分とそうでない部分に気づく
- まわりの人から刺激をうけることで、発想が広がることを体験する
- 物語を作ることの楽しさを体験する

* **ファシリテーター** 1人
* **スペース** 1室(全員が入れる大きさ)
* **テーブル・机と椅子の配置** 島型形式(机あり、4～5人)
* **必要なもの**
　・5枚セットのカード×人数分
　・A4の紙2枚×人数分
　(・感想を書いてもらう紙×人数分)

* **事前準備**
　カードを色違い5枚のセットにして、人数分作成。色は赤・黄色・緑・青・オレンジを各1枚。カードの大きさは5cmの正方形。小サイズの折り紙を用いると便利。

3. ストーリーテリング

*時間割例

13：30	●導入
13：35	●本番
	・カードに記入
13：40	・物語作成
14：00	・物語発表
14：05	・話し合い
14：10	●振り返り
14：30	終了

*やり方
導入

❶ 各自好きな席にすわってもらいます。

・いつも同じグループですわっている人がいたら、別々にすわるよう促しましょう。

❷「皆で協力して、楽しみながら想定外のおもしろい物語を作りましょう。」とアクティビティの目的を簡単に紹介します。

・手順をことばだけで正確に伝えるのはむずかしいので、実際に動いてもらって、その都度適切な指示を与えるほうがよいでしょう。

❸ 各自に5枚セットのカードを配ります。

・5枚セットは事前に準備しておきます。

本番

❹ それぞれの色のカードに、以下のことを書いてもらいます。(5分)
　赤色：主人公の名前
　黄色：時間/時代

緑色：場所
青色：主人公の相手役/対立する人
オレンジ色：事件、何が起きたか

・カードへの記入に時間がかかっても、急がせないようにしましょう。板書またはパワーポイントで何色に何を書くか提示すると混乱を防げます。

❺ テーブルのメンバーのカードを色ごとに集めます。そして、カードをシャッフルして、配ります。

・ほかの人が書いたカードではなく、自分が書いたカードがまわってくることもあります。
・受講者が10人くらいの場合は、ファシリテーターが全員のカードを集めて、シャッフルし、配ってもよいでしょう。

❻ 物語作成用にA4の紙を各自に2枚配付します。各自、配られた5枚セットのカードに書いてある内容を使って、オリジナルの物語を書いてもらいます。想像力を使って、自由に創作します。あとで、グループの人に読んで聞かせます。（10〜20分）

・新しいカードセットに書かれた内容を使って物語を作るのにとまどいが生じることがありますが、物語はフィクションなので遊びごころを大いに働かせるように伝えましょう。また、十分時間を与えましょう。

❼ 物語を書き終わったら、各テーブル内で発表し合います。1人の発表が終わったら、聴いていたメンバーは質問やコメントをし、フィードバックをします。これを繰り返し、テーブルの全員が発表します。（5分）

・1つの話の発表が終わるまでしっかり聴きます。終わったら、フィードバックをしますが、できるだけポジティブな表現を使うようにします。「展開が複雑すぎる」というのではなく、「展開がダイナミックで登場人物が多様でびっくりした」というように。ファシリテーターが

ポジティブな方向にパラフレーズしてもよいでしょう。

> ❽ 全員の発表が終わったら、以下の点などについて自由に話し合ってもらいます。
> 「各物語のストーリーの展開は予想できたか」
> 「自分だったらどのように展開させたか」
> 「各物語に共通点が見られたか」
> 「全体でどのような印象を持ったか」
> 「物語から何が読み取れたか」
> 「相手に対して理解が深まったか」
> 「自己発見があったか」
> 「物語を作るのは楽しかったか」
> 「お互いに親しみやすさが増したか」など　　　　　　　　（5分）

・冒険もの、恋愛もの、ファミリーもの、ミステリーなど、いろいろな物語が創造され、それぞれに作者の個性が出てきます。じょうずへたは問題ではなく、その人が何を大切に思っているか、何を楽しい/苦しい/チャレンジと思っているかを、聴き手は間接的に知ることができます。

振り返り

> ❾ このアクティビティをすることで何に気づき、何を学んだか、今後の自分の見方・考え方や行動にどのような影響があると思うかなどを話し合います。（20分）

・各物語から少し距離をおいて、このアクティビティ全体から自分は何を学んだか、これからの日常生活に役立つことがあったかなどを話し合いましょう。

その他の「ストーリーテリング」

ストーリーテリングにはいろいろなやり方があります。それぞれに楽しい自己発見、他者理解の体験ができます。また、想像力、創造力、冒険心を磨くこともできます。

みんなで作るストーリー

このアクティビティも話す練習になります。話すのが苦手な人、自分から話し始めるのが得意でない人には、気軽にリスクなく話せる機会を提供します。

4〜5人のグループで行ないます。各自思いつく単語を出して、全部で30個から50個くらい集めます。名詞、動詞、形容詞、副詞などバラエティある単語を出し合い、紙に書き出します。物語を始める人はその中から単語を1つ選び、その単語が入った文を作ります。使われた単語はリストにマークします。次の人は別の単語を選び、初めの文に続くように話を続けます。このように、順番にリストにある単語を選択し、文を作り、物語を続けていきます。リストの単語を全部使い切ったら、終わりです。

1文ずつ作っていくので、自分が意図または予測する方向に話が展開していきません。ほかの人たちの発想に驚かされることが多く、とまどうと同時に話の想定外の展開にあきれることもあります。それが、ある意味けっこう楽しいと感じる自分がいることを発見したりします。自分も自由に想像力を発揮してよい状況なので、非日常の世界を作ることができます。

このアクティビティはスピード感をもって、遊びごころに任せて行ないます。あまり、考えすぎたり、理屈や合理性を重んじたり、凝ったストーリーを作ろうとすると楽しめません。自由にフィクションの世界で遊びます。

おとぎ話新バージョン

このアクティビティは4〜5人のグループで行ないます。子どものころ読んだおとぎ話をベースにしながら、自分の視点や希望を入れて新しいおとぎ話を書いてみます。グループで同じおとぎ話を各自自由に書き換えてもよいですし、各自が異なるおとぎ話を選んで、自分バージョンを書いてもよいでしょう。たとえば、桃太郎の話では鬼退治に行って、財宝を持ち帰り村人に分けますが、鬼たちと村人たちが仲よく暮らせるように一緒に畑を耕すとか、一緒に祭りをするとか。

でき上がった新バージョンを発表し合って、お互いに味わいます。変えた理由など話し合って、物語の背後にある価値観や希望を知ることによって、相手への理解を深めることができます。

3. ストーリーテリング

> **自分のストーリー**

　自分を知るためのアクティビティです。自分について気になっていること、自分の人生で心に残っていることを書くか、あるいは話します。私たちは過去の経験から多くを学び、成長します。中学生、高校生でも自分の過去のできごとを振り返り、そこから自分の行動や感情のパターンなどを客観視できるようになります。大人になると社会経済的状況、人間関係など、より多くの情報を考慮に入れて自分を振り返ることができるようになります。しかし、日常の忙しさに追われて、場当たり的な対応だけで日が過ぎていき、自分を見失ったり、世間に流されたりして、不満や不安がたまってしまっている場合もあります。自分の今までの人生を振り返り、心に残っていることを書くことで、あくせくした日常をとらえ直すことができます。そうすることによって自分とまわりの関係がより明確に把握できます。そして、何が原因で何が起きたのかをより客観的にとらえ直せます。そのうえで、これからどうしていくかを模索します。

　このプロセスを1人ですることも有意義ですが、信頼できる人と共にできると、もっと効果があります。失敗談にしろ、成功談にしろ、ほかの人に話してもよい内容からスタートすることが大切です。深刻で複雑な問題などは、専門のカウンセラーに相談したほうがよいでしょう。まずは、話しやすい軽い問題から書いてみる、話してみることです。人と話すことで、異なる視点や自分が気づいていなかった事柄が明らかになることが多々あります。自分の思い込みから解放されるとまわりの景色が変わって見えますし、同時に自分の姿も見えてきて、自分に対する理解と肯定感が深くなります。

　信頼できる大人どうしの話し合いでは、これからどうしたらよいかという迷いに対していろいろなアイディアを出してもらえます。どうするか決めるのは自分です。自分に対する理解と愛情が深くなった自分が判断するのですから、きっと以前よりはよい判断ができるでしょう。

対象	所要時間	タイミング
こども（中高生） おとな（学生/社会人）	110分	本編
	実施人数 12〜40人（1グループは4〜5人）	

実施すると効果的な場合
- 多文化チームの効果を高めたいとき
- よいチームワークを作りたいとき
- クリエイティブに働くための方法を求めるとき
- チームや会社内のコミュニケーションをよくしたいとき

4. ワカジャリー（Wakajary）

〜このアクティビティのねらい〜
- チームおよび個人の資質を伸ばす
- 各人の思い込みによるネガティブな影響に気づく
- アイディアを出しやすくし、クリエイティブになる

＊**ファシリテーター**　2人（メイン 1人、サブ 1人）

＊**スペース**　1室（全員が入れる大きさ）

＊**テーブル・机と椅子の配置**
　島型形式（机あり、4〜5人）。※テーブルには数字などを振っておく。

＊**必要なもの**
- ホワイトボード、ホワイトボード用カラーマーカー、ホワイトボード用マグネット（12個）
- ポーカーチップまたはおもちゃの金貨（報酬に見立てるもの）
- 巻尺またはものさし（完成した製品の検査用）
- ハンガー数本、S字フック数個（完成した製品のディスプレイ用）
- 模造紙または大きめの画用紙（チームの作業状況を書き入れる）
- 告知板または裏が白いポスター4枚（作業に関する通達・お知らせ用）
- 感想を書いてもらう紙×人数分
- ゴミ袋×グループの数分（片付け用）

＊**シート**　「ワカジャリー社製品仕様書」×グループの数分（各グループに配る封筒に同封するもの、詳細は後述）

4. ワカジャリー

＊事前準備
- 「ワカジャリー社の4つのルール」の貼り紙作成（やり方❷参照）
- 「新しい局面（Ⅰ）」の貼り紙作成（やり方❹参照）
- 「新しい局面（Ⅱ）」の貼り紙作成（やり方❺参照）
- 「新しい局面（Ⅲ）」の貼り紙作成（やり方❻参照）
- 「短冊チェーンの型紙」「星の型紙」「蝶々の型紙」はあらかじめ厚紙などで作っておく。
- 「製品仕様書」(pp.88-89に掲載)はグループの数分、コピーしておく。
（「受講者の感想」の部分は入らないように隠して、コピーする）
- 大型封筒（角2）、定規（30cmくらい）、折り紙（15cm×15cm）、蝶々のシールなど、ないものは購入しておく。
- グループの数分の大型封筒（A, B, Cの3種類）を用意する。
ABCそれぞれの封筒に入れるものは以下のとおり。

   A封筒
   はさみ2本、定規2本、鉛筆4本、のり3本、折り紙1パック（金・銀1枚ずつとカラーのフルセット50枚程度）、蝶々のシール1冊、製品仕様書（作り方の説明）。

   B封筒
   はさみ1本、定規1本、鉛筆2本、のり1本、ホッチキス1個、ホッチキスの針1箱、折り紙（青・緑・紫系の組合わせ20枚、または赤・ピンク・白系の組合わせ20枚）、製品仕様書（作り方の説明）。

   C封筒
   はさみ1本、鉛筆1本、ホッチキス1個、短冊チェーンの型紙（1.5cm×15cm）1枚、星の型紙1枚、蝶々の型紙1枚、折り紙（金銀複数枚に、黄色・オレンジ系20枚に灰色・茶色・黒など暗めの色30枚）、製品仕様書（作り方の説明）。

- グループが4～5組のときは、B封筒を増やす。
- グループが6組のときは、ABC各封筒を2つずつにする。
- グループが7組のときは、C封筒を1つ増やす。
- グループが8組のときは、A封筒とC封筒を1つずつ増やす。（グループは8組まで）

＊時間割例

13：30	●導入
	・グループ分け
	・アクティビティの説明
13：40	●本番
	・製品の製作を開始
	・新しい局面（Ⅰ）への対応
	・新しい局面（Ⅱ）への対応
	・新しい局面（Ⅲ）への対応
	・グループ表彰
14：40	●振り返り
	・発言を集める
	・ファシリテーターのコメント
	・グループ内でのディスカッション
	・各グループ代表の発表
	・個人の感想を書く
	・片付け
15：20	終了

＊やり方

導入

❶ 受講者をグループに分け、各テーブルについてもらいます。

- ・グループの人数にばらつきがあってもかまいません。
- ・各テーブルに1つ、ABCいずれかの封筒を置いておきます。
- ・スムーズなスタートのために、受付で受講者に数字かアルファベットを書いた紙を渡して、該当するテーブルに直行してもらいましょう。

❷ ファシリテーターが、アクティビティの目的とルールを説明します。

- ・以下のように説明をします。

> 「皆さんは、ワカジャリー社の社員です。グループに分かれて製品を作り、グループごとに会社の検査部に納めます。よい製品を作り、業績をあげてください。優秀なチームは表彰します。がんばってください。

ルールは4つあります。
  1. 与えられたものだけを使って製品を作ってください。
  2. 仕様書どおりに作ってください。仕様書の基準からはずれた製品は、受け付けません。
  3. 公明正大に行なってください。いかなる場合も暴力はいけません。
  4. 納めた製品について、グループごとの成果を記録します。最後にグループ表彰があります。

質問はありませんか？ これ以降は、質問にはお答えしません。では、封筒の中身を取り出して、仕事を始めてください。」

・このあと、4つのルールは、紙に大きく書いてホワイトボードに貼っておきます。
・細かな質問がきたら、「それはご自分で判断してください。」と答えます。
・時間をとられないようにしましょう。
・指示は、てきぱきと伝えます。

本番

❸ 作業開始宣言をして、作業を始めてもらいます。（20分）

・アクティビティが始まると混乱が生じて、いろいろな質問が出るかもしれませんが、ファシリテーターは、それには答えません。
・ファシリテーターは、目的とルールだけを繰り返して言い、ほほえんでいればいいのです。
・ホワイトボードの近くに独立したテーブルを1つ置いて、「検査部」とし、サブ・ファシリテーターは、持ち込まれた製品のサイズをものさしで測りチェックします。合格した品は受け取り、報酬としてのチップまたはコインを渡します。規定に満たないものは、やり直しを命じます。
・サブ・ファシリテーターは各グループの成績一覧(納入数と点数)を模造紙に書き、壁に張り出しておきます。
・メイン・ファシリテーターは、各テーブルをまわって、各人の動きをさりげなく観察します。

- 「短冊チェーン」の評価は長さの基準のみ。「星」は使った枚数の多さと色数で評価します。
- ファシリテーターは、ゲームの間、「盗み」「暴力」「けんか」などがチーム間で起こることも予測して対応してください。

> ❹ 新しい局面（Ⅰ）をアナウンスします。

- 作業が20分ほど進行したあと、または、納めた「製品」が各グループ1組以上できた段階で、以下のお知らせをホワイトボードに貼ります。

  シルバーの星は、価値が2倍になります。

- そして、ファシリテーターは、次のようなアナウンスを行ないます。
  「マーケットの傾向が変わりました。マーケットのニーズに合わせて仕様書に変更を加えます。シルバーの星が入っていると、価値が2倍になります。」

> ❺ ❹の15分後に、新しい局面（Ⅱ）のアナウンスをします。

- ホワイトボードに以下のお知らせを貼ります。

  ゴールド、黄色、オレンジ色が入った製品は、価値が4倍になります。

- そして、口頭でアナウンスします。
  「マーケットの傾向がまた変わりました。マーケットのニーズに合わせて、仕様書に変更を加えます。ゴールド、黄色、オレンジ色が入った製品は、価値が4倍になります。」
- 局面（Ⅰ）のお知らせも、はずさず、そのまま貼っておきます。

> ❻ ❺の10分後に、新しい局面（Ⅲ）のアナウンスをします。

4. ワカジャリー

・ホワイトボードに以下のお知らせを貼ります。

> 星の代わりに蝶々を製品の1ユニットに
> 添えると、価値は6倍になります。

・そして、口頭でアナウンスします。
「マーケットの傾向が、またまた、変わりました。マーケットのニーズに合わせて、仕様書に変更を加えます。星の代わりに蝶々を製品の1ユニットに添えると、価値は6倍になります。」
・局面（Ⅰ）（Ⅱ）のお知らせも、はずさずに、そのまま貼っておきます。

❼ ❻の10分後に、作業の終了を告げます。

・受講者の動きと時間を見ながら、製品の製造を終わりにします。
・壁に貼った紙に書かれたそれぞれのグループの成績一覧を見て、結果を発表します。

❽ グループ表彰をします（5分）

・最も点数の高かったグループを優勝グループとして、表彰します。

振り返り

❾ 「振り返りをします」と伝えます。

・今までの「必死の仕事モード」から、別の「ゆったりモード」を引き出すように、声の調子もスピードも変えるとよいでしょう。

❿ 発言を集めます。（10分）

・以下のように問いかけます。
「何が起きましたか？」
「今、どんな気持ちですか？ 何を感じていますか？」

「テーブルの上には、何が残っていますか？」
「グループごとに違う材料や道具のあることに、いつ気づきましたか？」
「自分のグループに十分な材料や道具がないとわかったとき、どうしましたか？」
「グループがうまくやれたとしたら、何をしたからですか？」
「グループがうまくやれなかったとしたら、何をしたからですか？」
「このゲームと実生活で起こることとの間に共通点はありますか？」
「もし、もう一度やってみるとしたら、どこを変えたいですか？」
「このゲームからなにか学んだことはありますか？」

⓫ アクティビティ中に観察した行動について、ファシリテーターがコメントを入れます。（3分）

・観察したことを淡々と述べるだけです。
・アクティビティ中に以下のことを観察してメモしておくとよいでしょう。
　「同じ会社のメンバーとして同じ目的で仕事をしているのに、チームの中でのみ結束し、チームの利益（チーム褒賞）だけを目指していないか。」
　「リソースを、会社としてではなくチームのためにだけ使っていないか。」
　「チーム内での役割分担の様子はどうだったか。」

⓬ グループ内でディスカッションをしてもらいます。（10分）

・「このゲームをして気づいたことをもとにして、『どうすればチームワークはうまくいくのか』について、皆さんでアイディアを出してください。グループで出てきたアイディアを発表する人を最初に決めてください。」と言って、グループ内で10分間話し合ってもらいます。
・ファシリテーターは、テーブルの間をまわって歩き、受講者がどんな気づきを得ているか、様子を見てください。

⓭ グループのアイディアをまとめて、それぞれのグループの代表者に発表してもらいます。(7分)

- １グループ１分でミニ発表をします。
- グループの数が多い場合は、１グループあたりの発表時間を短くするか(キーワードだけにするなど)、あるいは全体の時間調整が必要です。

⓮ 各自に感想記入用の紙を配り、個人の感想、気づきなどを書いてもらいます。(5分)

- グループ発表で言い足りなかったことを拾い上げるためにも、なるべくゆっくり時間をとって個人の感想を書いてもらいましょう。

⓯ 片付けをします。(5分)

- 使った道具は、もとどおり大型封筒に入れてもらって、回収します。
- 紙の切れ端などが散らからないように、あらかじめ各テーブルにゴミ袋か紙袋を用意しておくと片付けが楽になります。

【A・B・Cすべての封筒に入れる資料】

ワカジャリー社製品仕様書

注意 与えられたものだけを使って製品を作ってください。

---

1. 短冊チェーンの作り方

✂ 折り紙を幅1.5cm×15cmの短冊にカットし、輪にする(のりしろ約1cm)。それらをつなぎ合わせて、1本80cmの長さの短冊チェーンにする(誤差範囲±2cm)。

2. 星の作り方

✂ 正方形の紙から星型を切り取ります。好きな星型でいいのですが、

(1) 正方形から8角星を切り取る方法は...
  ① 折り紙を三角形に折る。もう一度 半分の三角形に折り、さらに そのまた半分の三角形に折る。
  ② 紙の中心側の角を2等分に折る。(図参照)
  ③ 外側の縁をはさみで斜めに切り落として開くと、8角星ができます。(図参照)

(2) 6角星を切り取るには...
  ① 三角形に折り、さらに半分の三角形に折る。
  ② 紙の中心側の角を3等分に折る。(図参照)
  ③ 外側の縁をはさみで斜めに切り落として開きます。(図参照)

(3) 5角星を切り取るには...
  ① 三角形に折る。
  ② 両端の45度の角と角をいったん合わせて、中心を決めたあと、中心からの角度が2:1になるように折る。(図参照)
  ③ 「2」の部分を半分に折り、「1」の部分も同じ角度で折る。(図参照)
  ④ 外側の縁をはさみで斜めに切り落として開きます。(図参照)

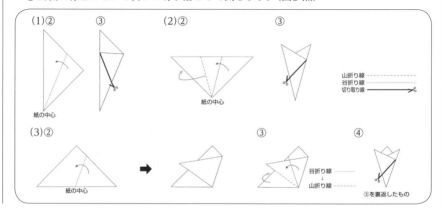

4. ワカジャリー

※ いずれも、縁を斜めに切り落として広げると、星の形になります。斜めに切る角度が鋭いほど、とがった星ができます。

できあがり写真
（左から8角星、6角星、5角星）

★ 2つ以上の星を色・形よく組み合わせて「星」を製作します。星は、色合いとデザインで評価されます。

「短冊チェーン」と「星」を1組のユニットにして、検査部に持ち込んでください。
　検査に合格したら「短冊チェーン」と「星」をのりなどで合体させて「ワカジャリー」製品にします。検査部では、できばえとマーケット需要にしたがって価値を決め、点数を与えます。

★ 利益率のよいワカジャリー社の製品をたくさん作ったグループを表彰します。

皆さん、がんばってください。

受講者の感想

👤 たいへんクリエイティブで、楽しいゲームだった。

👤 もっと作っていたかった。

👤 チームというものについてあらためて考え直した。

👤 配られた道具が足りなくて困った。隣のテーブルで余っているのりを盗んだら、あとでばれた。よく考えたら、同じ会社なのだから、堂々と交渉して貸してもらえばよかったのだ。

👤 会社より、チームの成果を優先しすぎた。チームワークの意味を取り違えていた。

👤 協力とチームワークについて、新しい視点が開けた。

対象	所要時間	タイミング
こども （中高生）	120〜180分	本編
おとな （学生/社会人）	実施人数 15〜24人（1グループは3人くらい）	

実施すると効果的な場合
- 自分の夢をかなえたいと願うとき
- 自分のビジョンを明確にしたいとき
- 喫緊の課題の解決の糸口が見つからずに悩んでいるとき
- 共通の目的を持つ組織の抱える問題を解決したいとき

5. 最も幸せなとき

~このアクティビティのねらい~
- 自分の思いを、メタファーを使って絵に表現し、物語を作り、まわりとの対話を通して「気づき」を得る
- 「気づき」をもとに自分の願い、夢の具現化を進めていく
- 「気づき」を、組織の進むべき道や組織の一員として自分がなすべきことを探る灯りとする
- 主観をはさまずに相手の言うことを傾聴する

* **ファシリテーター**　2人(メイン 1人、サブ 1人)
* **スペース**　1室(全員が入れる大きさ)
* **テーブル・机と椅子の配置**
　スクール形式→島型形式(机なし、3人)→スクール形式
* **必要なもの**
- A3またはA4の画用紙(コピー用紙でも可) 2枚×人数分
- クレヨンまたはオイルパステル(最低6色、可能なら12色)×人数分+α
- 感想を書いてもらう紙×人数分

5. 最も幸せなとき

＊時間割例

13：30	●導入
	・アクティビティの説明
	・グループ分け
13：42	●本番
	・描画と物語の作成
	・発表
14：46	〈休憩〉
14：51	●振り返り
	・各自の振り返り発表
	・ファシリテーターのフィードバック
	・まとめ
15：27	●感想の記入
15：30	終了

＊やり方　（A＝受講者が個人、B＝受講者が同一の組織に属するグループ の場合）

導入

❶ 各自に画用紙２枚とクレヨンを配付します。

本番

❷（5分）
（A）配られた画用紙にみずからのビジョン（将来のありたい姿、実現したい夢・思い）を描いてもらいます。
（B）所属するグループにおける活動の中で目的達成の障害となっているものを思い描き、その障害そのもの、あるいはその障害にまつわるイメージを想起して、絵やイメージに描いてもらいます。

・ファシリテーターが具体的な例を示すことは効果的ですよ。
・このアクティビティを始める前にウォーミングアップとして、絵を描くこと、物語を作ることに対する躊躇、反発などを取り除くようにしましょう。特に大人の場合、絵を描くことから長い期間離れていることが多いのでとまどいが多いものです。
・描き方は、①メタファーを使用しても（metaphoric drawing）、②自由な連想に基づいても（associative drawing）、どちらでもよいです。
・絵やイメージを描いているときの自分の気持ちを覚えておくように指

導しましょう。
・描かれたものが、絵ではなく、単なるイメージであってもOK。ただし、使う色は意味を持つので、単色ではなく、複数の色を使うよう指導します。

> ❸ 描かれた絵やイメージをもとに、物語を作ってもらいます。（5分）

・こうあってほしい、こうなればビジョンは達成される（課題は解決される）というシナリオを考えることも、物語を作るうえで参考になる旨を伝えましょう。
・起承転結がはっきりしていなくとも、突拍子もない物語でもOK。
・(A)物語は、ビジョンにまつわる物語です。具体的には、ビジョンの説明、どのような経過をたどった結果そのビジョンが達成できたのか、そのビジョン実現のために何をしたのか、何をしなかったのか、だれの力を借りたのかなどを盛り込みます。
・(B)目的達成の障害の説明と共に、障害が除去されるために何をしたのか、何をしなかったのか、だれの力を借りたのかなどを盛り込みます。

> ❹ 3人のグループに分かれて、輪を作ります。

・テーブルから離れ、椅子を車座の形にして、すわります。

> ❺ 3人のうちの1人に、自分の描いた絵やイメージを聴き手に見せながら、物語として(A)みずからのビジョン・(B)課題を語ってもらいます。（5分）

・暑いのか、寒いのか、快適なのか、不快なのか、気分がいいのか、いらいらしているのか、不安なのか、うれしいのか、悲しいのか、自信をなくしているのかなどの感情、また、風があるのか、曇っているのか、青空が見えているのかなどの情景描写を生きいきと語ってもらってください。デジタルな描写よりもアナログな描写のほうが、心の中の隠れた部分に光が当たるのですよ。

5. 最も幸せなとき

- 語る順番は、グループごとに決めてもらいます。語りの中で、絵やイメージがどのように五感に訴えているのかを伝えます。また、物語の中の自分は、各シチュエーションにどのような気分で臨んでいるのかも伝えます。

❻ 物語が終わったら、語り手の右隣にすわっている人に、物語を忠実に再現してもらいます(リテリング)。(3分)

- リテラー(物語を再現する人)には、再現するためにメモを取りながら聴くことを勧めましょう。忠実な(正確な)リテリングができるか否かは、いかに集中して傾聴したかによることを前もって伝えておくことが必要です。
- リテラー、そして、もう一人の聴き手には、物語の最中の質問は控えてもらいます。

❼ リテリングを終えたら、リテラーには引き続き、次の点について自分の意見を述べてもらいます。(2分)
①物語で語り手が伝えたかったポイント
②物語と絵・イメージの中のどのポイントが最も印象的だったか
③物語、絵・イメージに対する聴き手としての感想

- 感想や意見が批判にならないように、ポジティブ・アプローチをリテラーに求めましょう。
- この部分は、このグループ・アクティビティのもう一つの重要な学びを担っています。つまり、正確な再現を行なうためには、「判断を控えて聴くこと」「物語の中身を理解すること」の2点が要求されるということ、そして物語を聴いた自分の感想や意見を述べるためには、傾聴するだけにとどまらず、論理的に自分の意見を整理するスキルも求められるということです。

❽ グループで自由に意見交換してもらいます。(5分)

- リテラー以外の聴き手の積極的な発言を促しましょう。
- この部分が、このグループ・アクティビティの「対話」の部分です。この対話を通して「気づき」が得られます。なぜ○○の色を使ったのか、なぜ△△は１つだけなのか、なぜ□□は絵のまん中にあるのか、などのアナログな質問は有効。描き手(語り手)は答えることができなくてもOK。かえって、なぜそのような質問が生まれたのかを問い返すことによって、思わぬ気づきが得られるかもしれないのです。

❾ 描き手(語り手)に、リテラーのコメントやその後の３人での意見交換の中で気づいた点を語ってもらいます。（3分）

- 描き手(語り手)が対話を通してどのような気づきを得たのか、積極的に語ってもらいます。対話を通して得られた「気づき」を今後どのように活かしていくのか、語り手に考え、発表してもらいましょう。
- この部分は、このグループ・アクティビティで「気づき」を確認する場面です。

❿ 以上の❺から❾を３回繰り返し、グループの３人全員が同様の経験をします。

振り返り

⓫ 最初のようにテーブルに戻ってもらい、
　（A）受講者全員で、振り返りの意見交換を行ないます。
　（B）受講者全員で、グループの目的達成の障害を除去するための道筋、方策を語り合ってもらいます。

- ファシリテーターは、アクティビティが行なわれている間にまわって歩いて、振り返りのときに代表で発表してもらう候補を選んでおくことをお勧めします。代表者に、自分の描いた絵・イメージを全員の前に掲げて語ってもらうことは、そのグループに属していなかったほかの受講者にとってボーナスのような特典になります。時間があれば、発表者の中でだれの絵・物語が最も印象深かったかを全員に選んでも

らうのも、グループ・アクティビティの学びを深めます。
- ここが、アクティビティでの「振り返り」の部分です。各受講者に、このアクティビティで何を学び、何に気づいたのかを全員の前で発表してもらいます。特に、得られた「気づき」を今後どのように活かしていくのか、各自の意気込みを語ってもらうとよいでしょう。

⓬ 最後に、感想記入用の紙を配り、各自書いてもらいます。（3分）

受講者の感想

- 自分がこんなビジョンを胸に秘めているなんて、気づきませんでした。
- ファシリテーターの先生からのコメントが、自分の心の中をのぞくきっかけとなりました。
- 絵を描くということはなんと楽しいことでしょう。小学校以来です。そのうえ、絵をもとに自分だけの物語を作るなんて、こんな楽しくわくわくしたワークショップは初めてでした。
- 目から鱗でした。自分の胸の内をこのようなやり方で客観的に見ることができるとは！
- 絵の持つ力を知ることができました。また、ことばがすべてだと考えていましたが、それだけでは伝わらないものがあることも学べました。
- 私自身を理解することができました。ワークをしていくなかで新たに気づくことが本当に多く、また教室全体がとてもよい雰囲気であったのが印象的です。
- 自分の幸せなビジョンを語るということがこんなにも気持ちがいいことだということに気づき、とても有意義だった。リテリングするということで聴く姿勢も重要になってくるので、話し手も話しやすかったと思う。
- 楽しいこと→将来の自分→夢とつながり、そこから今の自分に足りないものを観ることができた。楽しい話は伝播する。楽しいことの共有の大切さを知った。
- ビジョンはきっと目標になると気づけた。
- 自分では気づかないことをリテリングにより気づかされた。
- 自分の幸せの大きさに気づいた。5分では語り足りないほど、自分の想像する

幸せが大きいことに気づいた。

- 話すことで自信がついた。
- 絵を描き、話し合うということを通じて幸せになることができるなどとは想像していなかった。すばらしい機会を与えていただき感謝したい。
- 自分は笑顔で話しているつもりはなかったが、聴き手から「すごく楽しそうだったよ」と笑顔で言われ、これが自分のほんとにやりたいことなんだな、と気づくことができた。
- ほかの人を通して自分の内面を知ることができ、とてもおもしろかった。
- 自分の将来のことについて考えるのは不安や焦りが混じっていやになるときがあるが、絵にする、批判されないといったことでとてもポジティブに考えることができ、ハッピーな気持ちになれた。
- 自分で幸せなことを話すのはとても楽しいことだなと思った。
- 将来なりたい自分からそこに至るまでに必要なもの、今の自分に足りないものが見えてきた。また、それをほかの人と共有することにより、自分では気づけなかったことも見えてきた。

発展的に期待されるもの

ある時のワークショップに親子連れが参加したことがあり、10歳前後の子どもと一緒に絵描きを楽しんだそのグループ受講者4人は、それぞれの発表を終えたあと、想定していなかった次のような体験をしたのです。

絵描きと物語作成→発表→対話、までは通常のワークショップどおりに進んだ。
↓
時間的な余裕もあり、このグループは、子どもの描いた絵に触発された各自の新たなイメージを描き、新たなイメージを説明する物語も作った。
↓
新しく描かれたイメージ・物語は、子どもの絵・物語を発展させたもので、その後に続いた発表・対話は子どもの絵・物語を発端とした全く新たな物語となった。

この例のように、グループ内の波動が一致することで、受講者ひとりひとりが想定も意図もしていなかった、受講者間のコラボレーションによる全く新たな気づきをも共有することができたりするのです。

ワークショップがうまく運ばなかったときの対応策

- 受講者が、絵を描く、物語を作るという一連の作業がうまくできなかった。
  - ⇒ 絵描き・物語作成という作業に移る前に、ファシリテーターが過去のサンプルなどを示すことで、受講者に具体的な作業のイメージをしっかりと把握させることが必要。
- 絵描き・物語作成で十分にみずからの意図するところが表現できなかった。
  - ⇒ 絵描き・物語作成を画一的な制限時間で縛らずに、余裕をもった時間設定を考えることが必要。
- リテリングがうまくできなかった。
  - ⇒ 作業に入る前に、とにかく集中して耳を傾けることを強調すること、また、語り手の内容をメモに取ることを強く勧めることも有用。
- 対話の中での質問がうまくできなかった。
  - ⇒ できるだけアナログな質問をすることができるように、受講者に具体的なアナログ質問のサンプルを示すことが必要。

　上記の例のような、うまく運ばなかった際の原因の多くは、受講者が具体的な作業のイメージをしっかりと確認することなく作業に入ってしまったことにあるので、アイスブレイクやアクティビティの導入の時点で受講者にしっかりとアクティビティの持つ意味を理解してもらい、注意点を明確にし、さらに、具体的な例を示すことが必要でしょう。

第4部

シミュレーション

> You cannot teach a man anything, you can only help him find it within himself.
> 「人に教えることはできない。あなたができるのは、その人の中にあるものを見つける手助けだけだ。」—— ガリレオ・ガリレイ

　異文化コミュニケーションで扱う「文化」は、異なる文化に属する人やグループの間に起こる「関係」にまつわるものなので、頭で理解するだけでなく、感性を通して受け取ることが大事な要素になります。アクティビティや疑似体験をして気づきを得ることが、みずからの学びにつながっていきます。

シミュレーションゲームとは

　コミュニケーションにかかわる人びとのための、頭と心と体のバランスをとる参加型のエクササイズの1つが、シミュレーションゲームです。異文化コミュニケーションのダイナミズムを知るためには、理論だけでなく、現実に起こりうることを体験することが効果的です。シミュレーションをすると、頭で理解するだけでなく、感性を通して受け取る訓練ができます。見えないものさえも感覚で受け止めるのです。ことばで説明してもうまく伝わらないことが、シミュレーションをすることによって「一瞬で」理解できることに驚かされるでしょう。

　異文化コミュニケーションの分野では、いろいろな種類のシミュレーションゲームが開発されています。学習の形態や目的もさまざまですが、共通する点は、頭と心と体を働かせて行なう疑似体験学習であるということです。中には、まる一日、または数日をかける大掛かりなものもあります。このようなものは、プロセスやルールが複雑なので、受講者への説明も十分に行なう必要があり、準備の時間もかかります。時間を惜しむと、期待していた効果が得られないばかりか、ワークショップそのものへの不信感が募ってしまうことさえあります。ファシリテーターに要求される技量は、たいへん高度なものになるので、ファシリテーターは、扱う内容によく習熟してから取り組む必要があります。

　私たちは、コミュニケーションにかかわる人びとに必要な、頭と心と体のバランスをとるためのエクササイズをいろいろ考案し、ワークショップを重ねてきました。特にシミュレーションについては、効果的で使いやすく楽しいものを求めて研究してきました。第4部では、比較的簡単でおもしろく、短い時間で効果が得られるシミュレーションからやや複雑なものまで、難易度の順に紹介しています。

1．国際会議のコーヒーブレイク(50分)
　異なる文化圏から来た人との対話や触れ合いを通して、世界にはさまざまな文化、習慣、様式、言語表現、行動などがあることを実感したり、心が揺らぐ経験を促すゲームです。アクティビティのあとの振り返りの時間では、そのような場面に対処できる柔軟性をどう自分の中に養うかというアイディアなども出し合い、ディスカッションします。

2．バルーンバ文化を探れ(60分)
　異文化圏の人びとにインタビューをして、相手の文化様式を聞き出すというアクティビティをします。インタビューをする「調査団」の人びとは、相手の一貫性のない受け答えに翻弄され、混乱を味わいます。ことばだけでは相手の文化やルールが見えてこないことや、自分がとらわれている思い込みに気づくゲームです。

3．ラムネシア・サイダネシア(60分)
　2つの文化圏に分かれて、それぞれの文化のちょっとした作法やルールを短い時間で会得します。その後、2つの文化が出会ったら、何が起こるでしょうか。短い異文化接触で、たくさんの気づきが得られるアクティビティです。それぞれの心の中に起こる感情もリアルに体験できます。後半の振り返り・ディスカッションでテーマをさらに深く追っていくことができます。

4．宇宙への旅(1時間半～3時間)
　多様化する日本の職場問題を体験します。会社の同じ部に属する5人の社員になりきってロールプレイ体験をします。文化、雇用形態、価値観、コミュニケーションなどが違うチームで1つのプロジェクトを進めるという設定です。2回目のロールプレイの前に「二重関心モデル」と「win-win」協調の説明をファシリテーターがするなど、受講者の視点を広げる試みも入っています。最後の振り返りの時間はたっぷりとり、十分な意見交換をします。

5．エコトノス日本語短縮版(4～5時間)
　3つの文化圏に分かれ、それぞれの「文化ルールシート」や「課題シート」を使って、グループワークをしたり、他の文化圏も交えた全体会議を開いたりします。価値観や意思決定の仕方、表現方法などの違いが重層化してぶつかり合います。長い時間をかけて行なうので、リアル感が強く出ます。

シミュレーションゲームを実施するときの注意点

　参加型のワークショップは、一見簡単そうですが、受講者ひとりひとりは、「心の揺れ」を体験します。感情が揺さぶられることにより、通常の学び方では得られない気づきや納得に行き着くことができるのは、この感情が「本物」だからです。「擬似」体験であっても、感情はその人の中から出てきたものです。したがって、その時々に起こる自分の感情に向き合うことがまず大事であり、さらに、その意味を客観的に考察することを次の段階で行ないます。このプロセスがセットになっているので、ただゲームをして終わり、というわけにはいきません。ファシリテーターは、よく企画し、時間配分にも気を配り、シミュレーションの効果が高まるようにします。

　ファシリテーターとしてマニュアルの内容に沿ってシミュレーションを行なう場合は、いきなり行なうのではなく、まず一度 受講者として実際に体験されることをお勧めします。実践的なワークショップは、外からは見えなくても、さまざまの内面的な感情をひき起こします。楽しい、おもしろい、わくわくする、解放された気持ちになる、と感じる人もいれば、驚いたり、どきどきしたり、あるいは、とまどい、混乱、悲しみ、差別感、疎外感、怒りなどネガティブな感情が出る場合もあります。その人の特定の過去の感情をさらに引き出したりすることもあります。受講者の効果的な学びと気づきを促すためにも、ファシリテーターは、あらかじめ受講者として「ショック」をきちんと味わったうえで、ファシリテートする準備をしてください。

　感情の高まりがあまりにも大きくなってしまった人が現われたときは、気持ちを落ちつかせるために別室に連れて行くなどの措置が必要な場合もあります。サブ・ファシリテーターたちとは前もってよく打合わせをしておき、万一、そのような必要が生じたときは、その人にしばらく付き添うことのできる人をあてられるようにしておきます。

　原則として、受講者は、そのシミュレーションを初めて体験する人に限ってください。なぜなら、初めて体験するときのインパクトが重要だからです。もし、すでに経験済みの人を交えて行なうときは、その人たちに未体験者のようにふるまってもらうことをあらかじめ約束してもらいます。

シミュレーションの効果が現われないときはどうするか

　劇的な結果が出ると、「うまくいった」と思いがちですが、人はいつも期待どおりの反応をするとはかぎりません。感じることと、行なうことの間には人それぞれに微妙な違いがあります。その場で意見を述べることができなくても、あと

からじわりと感じる人もいます。ですから、最後に感想を書いてもらってください。発表のときに表現できなかったことが拾えるかもしれません。

　たとえうまくいかなかったと思っても、これを「失敗」と呼ばないようにしましょう。シミュレーション実施に必要な次の３つの要件がそろっていたか、客観的に見直して、次の機会に活かします。
　１．周到に準備された手法
　２．はっきりしたワークショップの目的
　３．経験を積んだファシリテーター

まとめ

ファシリテーションのために必要なことは以下のとおりです。
　１．ワークショップの目的と効果をはっきりさせる。
　２．受講者のレベルとニーズに合ったものを用意する。
　３．ワークショップ全体の中での位置づけを明確にし、プロセスを重視して周到に準備する。
　４．ファシリテーターをする前には、受講者として体験して、やり方を熟知しているシミュレーションを使う。
　５．メイン・アクティビティのあとの振り返りのディスカッションには、十分な時間をとり、受講者が自由で自発的な気づきや学びが得られるように留意する。
　６．受講者の気づきや学びは一様ではない。何を学び取るかは、受講者によるので、ファシリテーターは、正しいとか間違っているとかの判断を下さない。
　７．「心の揺れ」を体験した受講者は、ふだんとは違う言動をとったり、一時的に感情的になることもある。ファシリテーターはそれに対応できるだけの準備と力量を備えていることが望ましい。

【注】第４部の最後に「シミュレーション実施後のチェックリスト」がついています。参考にしてください。

対象	所要時間	タイミング
こども（中高生） おとな（学生／社会人）	50分	ウォーミングアップ または 本編
	実施人数	
	10〜40人	

実施すると効果的な場合
- 多様なコミュニケーション・スタイルに接したことがない場合
- 話し方に厳しい価値基準を持っている人が身近にいる場合
- 多様性に対する自分の反応に気づいてもらいたい場合

1. 国際会議のコーヒーブレイク

〜このアクティビティのねらい〜
- 自分にとって日常的でないことばや非言語の使われ方に接したときの自分を知る
- 日常的でないことばや非言語の使い方ができるか試してみる
- 非日常的なやりとりの中での自己認識の揺れを感じてみる

* **ファシリテーター**　2〜3人（メイン1人、サブ1〜2人）
* **スペース**　1室（全員が入れる大きさ）
* **テーブル・机と椅子の配置**　オープンスペース→椅子で輪に
* **必要なもの**　以下のシートのみ
* **シート**
  ・「コミュニケーション・スタイル指示カード」
  コミュニケーションの際の言語および非言語のスタイルを指示したカード（全10種類）で、カードには1から10までの番号を記しておきます。

  カード記載例
  1．相手から30センチぐらいの距離に近づいて、大きな声で話します。
  2．相手から1メートル半離れて、視線を下にして敬語を多用して話します。
  3．相手と握手して、目をしっかり見て小声でささやきます。
  4．お辞儀を3回してから、口をあまり開けずに話します。　　など。

* **事前準備**
  ・「コミュニケーション・スタイル指示カード」の作成
  受講者全員に10種類のうちいずれか1枚のカードが行きわたるように、必要枚数コピーし、用意しておきます。

1. 国際会議のコーヒーブレイク

*時間割例

13：30	●導入
	・アクティビティの説明
	・カードの配付
13：35	●本番
	・コミュニケーション・スタイルの練習
13：45	・コーヒーブレイク会場で交流
14：00	●振り返り
14：20	終了

*やり方

導入

❶ 以下のように、ゲームのアウトラインを話します。
「これから皆さんに、いろいろな国から来て、大きな会議に出席する人になってもらいます。会議のコーヒーブレイク（休憩時間）に、ロビーでいろんな人と挨拶をしましょう。今からカードを配りますので、カードに書いてあるとおりに行動してください。話す内容は、天候、出身地、関心事、趣味などあたりさわりのないものにします。」

- ファシリテーターは手分けして、全員に「コミュニケーション・スタイル指示カード」を配ります。
- 配られたカードはほかの人に見せないように注意します。
- 皆さん積極的に相手とコミュニケーションしたいという気持ちで行動してもらいますが、カードに明記されたコミュニケーション・スタイルを守ってもらいます。

本番

❷ 同じ番号のカードを持っている人で集まってもらいます。10個の小グループができます。ここで、ファシリテーターがついて、カードに書かれたコミュニケーション・スタイルの練習をしてもらいます。

（5〜10分）

- 1人のファシリテーターが複数のグループを担当することになります。
- できれば各グループできるだけ距離をとって集まってもらいますが、教室の都合でそれができない場合は、廊下なども使いましょう。でき

るだけカードに書いてあるとおりに行動できないと、このシミュレーションからのインパクトが半減します。

❸ 全員教室に散らばって、1対1で挨拶し合います。

・ファシリテーターは教室を巡回し、全員に積極的にアプローチして挨拶するよう奨励します。

❹ 相手を変えて、10人以上と接触するよう指示します。(15〜20分)

・消極的な人がいたら、挨拶する相手を探してあげましょう。

振り返り

❺ 時間が来たら「おしまいです。皆さん輪になってすわって、どんな体験だったか話し合いましょう。」と指示します。(5分)

・壁際にあった椅子を出して、すわってもらうとよいでしょう。

❻ まず最初に、「自分の以外にどのようなコミュニケーション・スタイルの指示があったのか」あててもらいましょう。全部出るまで続けます。
(5分)

・観察の鋭さがわかります。

1. 国際会議のコーヒーブレイク

❼ 次に以下の質問をします。（10分）
「自分がもらったカードに書いてあった指示に従って行動できましたか？そのとき、どのような気持ちでしたか？なぜそのような気持ちになりましたか？」
「相手の言語・非言語行動にどのような違和感を持ちましたか？それはなぜですか？どのように対応しましたか？」
「話す内容が日常的なことであっても、相手の言動が自分の常識に合っていない場合、心、頭、体は大きく影響をうけること、それは話している内容がわからなくなるほどだ、という体験ができましたか？」

・多様性社会に生きるということは具体的にはこのような身近なことから対処できるようになることなのだということに気づいてもらいます。まとめとして、「柔軟な心、頭、体を習得するには、これからどのようにしていくか」を全員に一言ずつ言ってもらいましょう。

対象		所要時間	タイミング
こども （中高生）		60分	本編
おとな （学生／社会人）		実施人数 16〜30人	

実施すると効果的な場合
・異文化圏の人と直接話した経験があまりない場合
・カルチャーショックを経験したことがない場合
・自分の文化の見方や考え方をグローバルな視点から見たことがあまりない場合

2. バルーンバ文化を探れ

〜このアクティビティのねらい〜
・異文化接触に伴うカルチャーショックを体験する
・異なる文化には自分の文化とは異なるルールがあることを知る
・異文化のルールが目の前で展開していても、気づかないことがあることを体験する
・異なるルールに直面した際、そのルールに納得できない自分に気づく

* **ファシリテーター**　2人（メイン 1人、サブ 1人）
* **スペース**　2室（全員が入れる大きさ 1室、受講者の半数が入れる大きさ 1室）
* **テーブル・机と椅子の配置**
　　スクール形式→椅子で輪に→両サイドに分かれてすわる→椅子で輪に
* **必要なもの**　（感想を書いてもらう紙×人数分）
* **時間割例**

13：30	●導入
	・アクティビティの説明
13：35	●本番
	・「バルーンバ人」と「調査団」に分ける
13：40	・各教室でルールの練習
13：45	・バルーンバの教室で調査開始
14：05	・情報交換
14：12	●振り返り
14：30	終了

2. バルーンバ文化を探れ

＊やり方

導入

> ❶ 全員を１つの教室に集め、椅子にすわってもらいます。「バルーンバ文化を探れ」の簡単な説明をします。
> 「これから、調査団とバルーンバ人の２つのグループに分かれてもらいます。調査団はバルーンバを訪問して、１対１でインタビューをして、バルーンバ文化がどのような文化か調べます。」と伝えます。

本番

> ❷ バルーンバ人になる人を発表します。バルーンバ人には、今いる教室にとどまって、メイン・ファシリテーターの指示に従って行動するように伝えます。「残りの人（調査団）」はもう１つの教室に移動し、サブ・ファシリテーターの指示に従って行動してもらいます。

- バルーンバ文化のルールでは、身に着けるもので社会階層を区別します。そして、同じ階層の人としかことばを交わしません。つまり、異なる階層間ではことばのやりとりは行ないません。たとえば、白い物を上半身にまとっている人は白階層に属するとします。白以外の色を上半身にまとっている人は別の階層に属することになります。白階層の人は上半身に白いものをまとった人としかことばを交わしません。白い物をまとっていない人は白階層の人とことばを交わすことができません。
- このルールはこの段階では受講者には知らせませんが、ファシリテーターは全員、正確に把握しておく必要があります。
- インタビューのときにことばを交わすことができる人とできない人が適切な数になるよう、バルーンバ文化の人を選択します。この振り分け作業は、メイン・ファシリテーターが最初の導入（❶）を行なっている間に、サブ・ファシリテーターが受講者の服装や身に着けているものをチェックして、基準と人数をその場で迅速に決めます。
- 階層を分けるものとしては、服の色や形、履物（革靴かスニーカーかなど）、眼鏡、時計を身に着けているかなどをチェック・ポイントにするとよいでしょう。

❸ バルーンバの教室で行なうこと

メイン・ファシリテーターは、バルーンバ人になるための、以下のバルーンバ文化のルールを教えます。

- バルーンバには社会階層があり、どの階層に属するかは○○で区別する。また、異なる階層間ではことばを交わさない。このルールは外からの訪問者にも適用される。
- 外からの訪問者には「はい」または「いいえ」の2語しか答えない。「はい」は相手が笑顔で質問したとき、「いいえ」は相手が笑顔でなかったとき。つまり、質問の内容に答えるのではなく、笑顔であるかないかで反応する。

- 上記は想定外のルールですから、頭でわかっていても、ルールに従って行動するのは簡単ではありませんので、5分ほど練習します。
- なぜこのようなルールがあるかの説明はしません。理由は未知のままにしておきます。
- 最初はファシリテーターがバルーンバ人に質問して、ルールに従って行動できるかチェックしてあげましょう。にこやかに「バルーンバでは春夏秋冬がありますか？」。答えは「はい」。むずかしい顔で同じ質問をされたら、バルーンバ人は「いいえ」と答えなければなりません。

❸ 調査団の教室で行なうこと

サブ・ファシリテーターは、バルーンバ人に問う質問事項をリストアップして分担を決めるよう、調査団に指示します。そして、以下のインタビューのルールを教えます。

- インタビューは1対1で行なわれるので、同じ質問を全員に聞くと、あとで皆で情報交換をするとき効率的であること。
- バルーンバ人は初対面の人には「はい」か「いいえ」としか答えないので、質問は「はい」か「いいえ」で答えられる形にすること。つまり、「教育制度について話してください。」ではなく、「バルーンバの小学校は6年制ですか？」のように「はい」か「いいえ」で答えられる質問にして聞く必要があるということ。

- ルールが把握できたか、お互いに質問し合って練習してもらいましょう。
- 文化にはどのような要素(衣食住・教育・娯楽・社会制度など)が含まれるのかを考えて、分担してもらうとよいでしょう。

❹ バルーンバの教室、調査団の教室、それぞれで準備が完了したら、調査団はサブ・ファシリテーターに先導されて、バルーンバの教室を訪れます。バルーンバでは調査団を迎えるため、メンバーが輪になって外向きにすわって待っています。調査団員は１対１でインタビューできるよう、バルーンバ人の前に立ちます。メイン・ファシリテーターの「質問を始めてください。」の合図で質問を始めます。（10～20分）

- １人に対するインタビューは30秒から１分で、ファシリテーターから「相手を変えましょう。」の指示があったら、左に１人ずれることで、質問する相手を変えます。このように左回りで、バルーンバ人全員に質問します。（右回りでもかまいません。）

- バルーンバ人の答えに納得がいかない調査団員はとまどったり、黙り込んだり、同じ質問を同じ人に何度もしたりしますが、ファシリテーターは何も言わず、どんどん進行するよう指示を出しつづけます。
- 一巡したら、ストップをかけましょう。人数が少ない場合は２巡してもかまいません。

❺ 調査団は教室の１か所に集まり、情報交換をし、バルーンバ文化がどのような文化なのかまとめるよう伝えます。バルーンバ人も同じ教室の１か所に集合し、バルーンバ人を演じながら調査団とやりとりすることがどのような体験であったかを共有します。（7分）

- お互いの話し合いが聞こえないように距離をおいて集合してもらいます。
- 調査団はバルーンバ人の一貫性のない答えに頭が混乱した状態です。バルーンバ人はおかしなルールに基づいて行動しなければならなかったことで心穏やかではありません。両グループにこのような異文化接触時に感じたことを正直に話し合ってもらいます。

振り返り

❻ 調査団とバルーンバ人を分け、お互いに向き合うようにすわってもらいます。ファシリテーターは間に立って「これから振り返りを始めます。」と言って、このシミュレーションで何を感じ、考え、どのように行動したか、この体験から何を学んだかを明らかにし、共有していきます。（10分）

以下のように質問を投げかけます。

1．まず、調査団に聞きます。

「バルーンバ人って一言でいうとどんな人たちですか？」(回答例：人見知り、ばらばら、いいかげん、うそつき、多人種、など)

「どうしてそう思いますか？」(回答例：返事してくれなかった。目を合わせてくれなかった。人によって言うことが違っていた。ことばが通じない人がいた。など)

「バルーンバ人と友だちになれそうですか？」(回答例：話してくれる人とはなれそう。正直でないから、なれそうにない。など)

「バルーンバに住みたいですか？」(回答例：住みたくない。おもしろくなさそう。住んでみたい。もっとよく知りたい。など)

「正直言ってバルーンバ人ってわけわからないと感じている人は手を挙げてください。」(回答例：ほとんど調査団全員が手を挙げます)

2．次は、バルーンバ人に聞きます。

「そうですね。わけわからないですよね。実は、バルーンバ文化には大きなルールが２つあるんです。調査団の皆さんの目の前でこのルールが展開していたのですが、皆さんは気づかなかったようです。バルーンバ人に聞いてみましょう。皆さんは調査団のどこに注目していたのですか？」(回答例：○○、顔)

「○○はどのような意味を持っているのですか？」(回答例：階層を識別するサインです。など)

「表情はどのような働きがあるのですか？」(回答例：笑顔だと「はい」、笑顔じゃないと「いいえ」)

3．調査団に聞きます。

「調査団の皆さん、このルールに気づかなかったのはなぜでしょうか？」(回答例：全く見えてない、先入観、思い込み、想定外のことは気づかない、など)

「ルールを知って、どんな気持ちですか？」(回答例：自分のせいではなかったのでほっとした。全然納得できないルールだ。頭の混乱は減少したが、気持ちはまだ納得できない。など)

4．バルーンバ人に聞きます。

「バルーンバ人を演じた方はどのような気持ちでしたか？」(回答例：納得できないルールに従って行動しなければならなかったのでつらかった。混乱した。ゲーム感覚でやったのでけっこう楽しかった。混乱している調査団に対して申し訳ない気持ちでした。など)

2．バルーンバ文化を探れ

5．調査団、バルーンバ人両方に聞きます。
「皆さん、想定外のルール、納得できないルールに直面して混乱したり、不安になったり、頭が混乱したりしましたね。これがカルチャーショックです。異文化と接触すると最初はだれでもカルチャーショックを体験します。それは自然で健康的な反応です。でも、ルールがわかり、慣れてくると、そのような中で自分はどのように行動したらよいか試行錯誤でわかってきます。（ちょっと時間はかかりますが、頭と心と体が鍛えられ、ひとまわり大きくて強い人になれます。）このシミュレーションに参加して、いかがでしたか？」（回答例：こんな簡単なルールでも全く見えなくて、不安と混乱に支配される自分にびっくりした。わからないことに対して否定的な判断をしてしまっている自分に気づけた。想定外のものは全く見えないということは、異文化の人を理解するのはたいへんむずかしいことなのだと実感した。など）

- できるだけ受講者の生の声を引き出すようにしましょう。また、全員に発言してもらいましょう。カルチャーショックはだれもが経験することで、はずかしがったり、避けたり、隠したり、否定したりする必要のないことだという理解を共有しましょう。
- カルチャーショックで自分を失いがちですが、自分の知識不足と思い込みに気づき、それを乗り越えるために、試行錯誤し学び、経験を積むことによりカルチャーショックを克服できます。そして、異文化を理解できるようになり、ひとまわりもふたまわりも精神的に大きく深く強い人になれることにフォーカスしましょう。

❼ **このシミュレーションを体験して何を学んだか、これからの生活にどのように活かせるかを話し合ってもらいます。（8分）**

- 受講者が多い場合はグループに分かれて話し合ってもらいましょう。
- 口頭で発表してもらってもよいですが、無記名で感想記入用の紙に記入してもらってもよいでしょう。

追記

　このシミュレーションはOutside ExpertというタイトルでPaul Pedersenが1988年に発表しています（Pedersen 2000）。オリジナルでは、社会階層は性別を基準にし、異性間のコミュニケーションが禁止されるというものでしたが、日

本で企業研修にこのシミュレーションを使用する場合、受講者がほとんど男性であったために、服装や眼鏡の有無などを基準に使うようになりました。その結果、想定外度が増し、受講者が全員日本人でも、異文化接触とカルチャーショックを体験することができるようになりました。

対象	所要時間	タイミング
こども（中高生） おとな（学生/社会人）	60分	本編
	実施人数	
	4～50人	

実施すると効果的な場合
- 海外留学、ホームステイ、海外赴任を予定している人のためのオリエンテーション
- 外国人受入れ担当者向けの研修
- ホストファミリー、国際交流関係者がよい人間関係づくりをしたいとき

3. ラムネシア・サイダネシア（Lemonesia & Cydernesia）

～このアクティビティのねらい～
- 比較的短い時間でカルチャーショックを疑似体験できる
- それぞれの気づきを通して文化とは何かを学ぶ
- より深い異文化理解へ向かうきっかけになる

***ファシリテーター**　2人（メイン 1人、サブ 1人）（※1人でもできる）

***スペース**　2室（全員が入れる大きさ 1室、受講者の半数が入れる大きさ 1室）

***テーブル・机と椅子の配置**
　オープンスペース→両サイドに分かれてすわる→スクール形式

***必要なもの**
- ホワイトボード、ホワイトボード用マーカー
- サングラス数本
- サンバイザー、帽子、髪飾り、バッジ、はなやかなリボンなどの小道具×受講者の半分に行き渡る数
- 感想を書いてもらう紙×人数分

***シート**
- 「ラムネシア文化の手引書（文化ルールシートA）」×受講者の半分の枚数
- 「サイダネシア文化の手引書（文化ルールシートB）」×受講者の半分の枚数

***事前準備**
- 「ラムネシア文化の手引書」「サイダネシア文化の手引書」（文化ルールシートA、B）(pp.124-125にあります)を必要枚数コピーしておきます。

(・「ラムネシア文化の教室で行なうこと」をリーダー用に1枚プリントしておきます。)

＊時間割例

13：30	●導入
	・グループ分け
13：35	●本番
	〈移動〉
	・文化別の教室での準備
	〈移動〉
13：45	・パーティーで文化接触
13：55	●振り返り
	・気持ちを一言で表わす
	・相手の文化の推察
	・どちらの文化が好ましいか（その1）
	・それぞれの文化の説明
	・気づきと学びについて述べる
	・どちらの文化が好ましいか（その2）
	・役割のイメージを振り落とす
14：25	・個人の感想を書く
14：30	終了

＊やり方

導入

> ❶ ファシリテーターは「これから2つのグループに分かれて、交流ゲームをします。皆さん、楽しんでください。」とゲームの開始宣言をし、受講者を2つのグループに分けます。

・ランダムにグループ分けをするには、A、Bを各人、順に言ってもらうとよいでしょう。
・できるだけスピーディに行ないましょう。

> ❷ 2つのグループにそれぞれA「ラムネシア」とB「サイダネシア」という名前をつけます。

・ファシリテーターは、ランダムに2つのグループに分かれたことを確認します。

・「グループAは、ラムネシアです。ラムネシアの人はだれですか？」
「グループBは、サイダネシアです。サイダネシアの人はだれですか？」
と聞いて、手を挙げてもらうと確認できます。

本番

❸ グループごとに準備をするために場所を分けます。
「ラムネシアの人はこのままここに残ります。ここがラムネシアの教室です。サイダネシアの人は、サイダネシアの教室に移動します。そして、これから2つのグループはお互いに準備をします。では、またあとでお会いしましょう。」と言って移動をしてもらいます。

・出て行くグループは、サイダネシア(B)です。メイン・ファシリテーターは、名前を混同していないか、グループに「こちらはBグループのサイダネシアです。」と再確認して連れて出ます。
・そのまま今までの教室に残るのは、サブ・ファシリテーターが率いるAグループのラムネシアです。
・サブ・ファシリテーターがいない場合は、受講者の中からリーダーを選び、ラムネシアの文化ルールシートを人数分渡し、5分経ったら戻ってくるので、配って、みんなで読んでおくように言います。以下の指示をプリントしてリーダーに渡しておくとよいでしょう。

ラムネシア文化の教室で行なうこと

❹ サブ・ファシリテーターは次のように言います。
「Aの皆さんはラムネシアの人です。ホスト側になります。サイダネシアの人たちがやってくるので、友好の歓迎会でもてなします。さあ、準備をしましょう。」
そして、ひとりひとりに「ラムネシア文化の手引書(文化ルールシートA)」を渡します。読み上げて、それに従った文化行動をとるように伝えます。グループ内でお互いに練習してもらいます。

・シートはゲストがやってくる前に回収するので、よく覚えてもらうようにします。どのような行動と言い方でサイダネシアの人たちを迎えるのかという点を練習します。

サイダネシア文化の教室で行なうこと

❹ メイン・ファシリテーターは、別室に連れて出たグループに言います。
「Bの皆さんはサイダネシアの人です。ゲスト側になります。あちらのラムネシアでは、友好の歓迎会が用意されています。さあ、訪問の準備をしましょう。」
そして、ひとりひとりに「サイダネシア文化の手引書（文化ルールシートB）」を渡します。読み上げて、それに従った文化行動をとるように伝えます。グループ内でお互いに練習してもらいます。

- メイン・ファシリテーターは、サイダネシアの文化の４つの習慣について読み上げ、それを行動に表わすにはどうすればよいのかをしっかり伝えます。はきはき話すことが大切なので、サイダネシアの挨拶「スップラー！」が明るく、元気に言えるようにみんなで練習します。また、「温かく、フレンドリーで、さわやかな文化」をみんなで唱えてみて、確認します。
- シートはラムネシア訪問の前に回収するので、よく覚えてもらうようにします。どのような行動と言い方で歓迎会に行くのかという点を練習します。

サイダネシア文化の教室で行なうこと

❺ メイン・ファシリテーターは、小道具を出してサイダネシアの人全員に配ります。サングラス、サンバイザー、帽子、髪飾り、バッジ、はなやかなリボンなど、陽気さとカジュアルさを強調するパーティーグッズを身に着けて訪問の準備をします。

- サイダネシア文化の陽気さと元気を象徴する小物は、大事です。受講者数が多いと用意する数も増えますが、100円ショップや、包装リボンなどを利用して、できるだけ集めておきます。

❻ メイン・ファシリテーターは、練習がうまくいっていることを確かめたら、「歓迎会の準備が整ったか見てきます。」と言って、ラムネシアの様子を見に行きます。用意ができているとサブ・ファシリテーターが言えば、サイダネシアグループを連れに戻ります。まだの場合は、サイダネシアの

> グループに練習を継続してもらいます。

- 準備が整ったほうから、相手グループの様子を見に行き「もういいですよ。」と、相手のファシリテーター、もしくは、リーダーに伝えてもよいでしょう。
- ファシリテーターが1人の場合は、サイダネシアの練習をしてもらっている間に、ラムネシアに戻り、文化ルールシートの理解ができたか、チェックします。

> ❼ ラムネシア、サイダネシアとも、練習をして慣れたところで、各人に配った手引書は<u>必ず回収</u>します。回収もれがないか確認しましょう。

- 「台本（手引書）」を手に持ったままでは自然な会話はできません。「まだ覚えていない。」という人がいても、メイン・ファシリテーターもサブ・ファシリテーターも、にっこり笑って、「だいじょうぶです。」と言います。そして、「私たちは、どんな行動をとることを期待されていますか？」とグループの人に問いかけ、4つの大事な行動を言ってもらいます。「復習して確認できましたね。完璧です。さあ、歓迎会が始まりますよ。」と次に移ります。
- ファシリテーターが1人の場合は、ホスト側のラムネシアのチェックに行った際に上記のチェックをリーダーと共に行ない、文化ルールシートを回収してしまいます。

> ❽ メイン・ファシリテーターは、サイダネシアの人を引率して、全員ラムネシアの教室に入場してもらいます。
> そして、両グループの人に、お互いに混ざり合って、パーティーを楽しんでもらいます。

- いよいよ文化接触のどきどきする一瞬です。みんな散らばって、それぞれ相手グループの人のところへ行って話をしたり、飲食を楽しむふりをしたりしてもらいます。
- ファシリテーターは、様子を観察しながら会話に耳を傾けます。話ができていない人たちには、少し手助けをして、違うグループの人(たち)を紹介してまわります。(どちらのグループかは、小物を身に着け

ているかいないかでわかります。)

❾ ファシリテーターは「パーティーの時間が終わりました。」と告げます。

・全員が万遍なく交流できたことを確かめたら、ファシリテーターは、歓迎会が終わったことを伝えます。ここでゲームは終了です。まだ気持ちがゲームの中にいる人もいるので、ファシリテーターがパンと1回両手で大きく叩いて、現実に戻ってもらうようにします。(交流の時間は約10分ですが、様子を見て、必要ならもう少し伸ばします。)

振り返り

❿ 「それでは、これから振り返りをしますので、同じグループどうしに分かれてすわりましょう。ホストだったラムネシアの人は、こちら。ゲストだったサイダネシアの人は、こちらです。」と左右の席を示します。

・ラムネシアグループとサイダネシアグループで、左右に分かれてすわってもらいます。
・混同しないように、それぞれのグループ名の前に、「ホストだった」「ゲストだった」ということばを付けます。また、手を大きく動かして左右をはっきりと表わし、速やかにグループで分かれて左右の席に着いてもらえるようにします。

⓫ 今の気持ちを一言で表わしてもらいます。(4~5分)

・メイン・ファシリテーターは、「今の自分の気持ちを1つの単語で表わしてください。」と言います。サブ・ファシリテーターは受講者から出たことばをホワイトボードに書き出します。ラムネシアの人から始めたら、ラムネシア全員に続けて発言してもらいます。
・ホワイトボードのまん中に縦線を引き、左右均等のスペースを作ります。すわっている左右のグループに対応するようにスペースを使います。
・あとのことを考えて、単語の書き出しは、ホワイトボードの縦半分のスペースの上半分ぐらいに入るように字の大きさを決めて書きます。

3. ラムネシア・サイダネシア

- 次に、サイダネシアの人たちに順次自分の気持ちを言ってもらいます。そして、ホワイトボードのサイダネシア側のスペースの上半分に書き出します。
- ここで一言ずつ全員に述べてもらうのは、ディスカッションに入る前に、自分の感情と向き合うためです。同一グループのなかで同じ感情のことばが出た場合は、そのことばの後ろに［＋1］を添えるとよいでしょう。

⓬ 次に、相手の文化を推測してもらいます。（4〜5分）

- 今度は、サイダネシアの人に相手グループの文化を推測して、どんな文化であるかを単文で表現してもらい、ホワイトボードのラムネシア側のスペースの下半分に書き出します。
- ラムネシアの人にも同じように問いかけて、サイダネシア文化についてサイダネシア側のスペースに書き出します。
- 相手の行動だけを見て判断をするときには、大抵は自分の文化の基準だけで見ています。そして、しばしば、ネガティブな表現が出てきます。（そのような発言に＊印をつけておくと、ファシリテーターはあとで「どういう理由でその行動をとったの？」と聞くことができます。）勝手な推察が真実をゆがめてしまうことに気づき、シンプルに相手に質問すればよいと納得できるでしょう。

⓭「どちらの文化が好ましいか」を聞きます。（その1）（4〜5分）

- ラムネシアの人たちに、自分にとってラムネシアがいいか、サイダネシアがいいかを尋ね、手を挙げてもらいます。その数をそれぞれ書きます。
- 同じように、サイダネシアの人たちにも、サイダネシアとラムネシアどちらが好ましいか尋ね、手を挙げてもらい、その数を書きます。
- 今、自分がいる文化のほうを好むと答える人が多いことが予想されますが、びっくりしたり、それについてのコメントをしたりせず、淡々と進めます。

⓮ それぞれの文化の説明をしてもらいます。（4〜5分）

- ラムネシアの人たちから、自分たちの文化はどういうものであるかを説明してもらいます。
- 次に、サイダネシアの人たちから、自分たちの文化はどういうものであるかを説明してもらいます。
- ここで、お互いの行動の理由がわかるのですが、それぞれの自分での気づきを大事にするため、余計なコメントは入れないようにします。

⓯ 気づいたことや学んだことについて発表してもらいます。（4〜5分）

- お互いの文化がわかったところで、自分が持った感情と相手の行動とのギャップなどをもとに、受講者に気づきと学びが出てきます。ファシリテーターは、余計な説明はせず、それぞれの発言にしっかりうなずき、それぞれのもやもやした気持ちなども含め、丁寧に受け止めます。
- さまざまな意見が出つくしたあとで、ファシリテーターは、次のような質問を入れてみます。
「どのような態度や行動が異文化に適応するために必要だと思いますか？」
「今回の経験をどのような場面で実際に応用できると思いますか？」

以下（⓰と⓱）は、オプションです。必要なら、やってみてください。

⓰「どちらの文化が好ましいか」を聞きます。（その２）（4〜5分）

- 文化の説明を聴いたあとで、好ましさが変化した人に手を挙げてもらい、そのわけも聞きます。
- 相手側の文化を好ましく思う人の気持ちを聞いてみましょう。

⓱ 役割のイメージを振り落とす儀式をします。（1〜2分）

- メイン・ファシリテーターは、サブ・ファシリテーター（またはリーダー）の体を手で払ったり、軽くブラシかけするような動作をして、「あなたは、ラムネシアの人ではありません。○○さんです。」と言い

ます。その後、それをまねて、それぞれペアを組んでお互いに「役」落しをしてもらいます。
・シミュレーションでは、本来の自分とは違った役割をすることで、一時的にアイデンティティが揺らぐ可能性もあるので、安全のために、本来の自分に戻るための仕草をしておきます。

> ⓲ 個別に感想を書いてもらって回収します。（5分）

・最後に、感想という形で紙に書いて出してもらうとよいでしょう。ディスカッションでは発言できなかった思いや、あとからの気づきを拾い上げることができます。
・自由発言で言い足りないことがあった場合も、文章にすることで納得できる人がいるかもしれません。気持ちのもやもやが残っている場合は、その場でちゃんと書いておくことが大事です。せかさないで書く時間を最後にとりましょう。

◎受講者は、おおよそ以下のような気づきや学びを得ることが多いようです。
・慣れ親しんだものと違うこととの遭遇は、心理的なショックをまねく。
・好き嫌いは、自分の育った文化の中で作られる。
・よい／悪いなど、事の価値判断の基準も文化と関係しているかもしれない。
・偏見やステレオタイプも文化の中で生まれる。

文化ルールシートA

Welcome! ラムネシアの皆さんに!

サイダネシアからゲストたちがみえます。これから友好の歓迎会を開きますので、ホスト側として温かいもてなしをよろしくお願いします。

　　　　　よき伝統、ここちよい習慣のラムネシア。
　　　　　節度と敬意を大切にするさわやかな文化。
　　　　　わがラムネシアへようこそ!

ラムネシア文化の習慣
1. 初対面の人には敬意を表わすため、いつも相手と一定の距離をとる。（腕を軽く伸ばしたくらいの間隔が国際的な相手との距離の目安です）
2. 会話は上品にもの静かに、トーンを抑えめに。
3. 視線を合わせすぎるのは失礼。話をするときは、相手の肩のあたりに目をやるのがエレガント。
4. あいづちはきちんと打つ。「うん、うん」は失礼なので、深くうなずき、「なるほど」「確かに」「そのとおり」などを適切に、かつ頻繁に使い分ける。

歓迎会の前に5分ほど、ラムネシアの皆さんでおしゃべりをしながら、この文化を練習してみましょう。
準備が整ったら、サイダネシアのゲストたちが案内されて入ってきます。

文化ルールシートB

Welcome!　サイダネシアの皆さんに！

ラムネシアにゲストとして行きます。友好の歓迎会に招待されています。
もてなしを受け、楽しんできてください。

　　　　　　明るく元気なサイダネシア。
　　　　　　温かく、フレンドリーで、さわやかな文化。
　　　　　　わがサイダネシア！

サイダネシア文化の習慣

1. 初対面の人とは陽気に「スップラー！（Soop La!）」と、片手を大きく挙げて挨拶し、大きな声ではきはきと話す。
2. 会話をするときは、親しみをこめ、相手の肩、肘、手などに時々軽く触れる。
3. 失礼にならない程度に、相手としっかり視線を合わせる。
4. 「うん、うん」と軽いあいづちを頻繁に打つ。意見が同じときは、指をパチンと鳴らす。

歓迎会の前に5分ほど、サイダネシアの皆さんでおしゃべりをしながら、この文化の練習をしてみましょう。
準備が整ったら、ファシリテーターがラムネシアへご案内します。

第4部

受講者の感想

- 異文化の中で起こるコミュニケーションのむずかしさを知ることができました。ラムネシアの人びとに対して、"仲よくなりたいな"という気持ちで接しているのに、あの態度はなんだ、ひどいなという気持ちが芽生えました。しかし、それは、考え方によっては、異文化の表現であったり、海外でなくても、その人が育った環境の違いがあったりするので、それを認める柔軟さが必要だと思いました。(大学生・女子)

- ラムネシアとサイダネシアの交流では、あの状況だったら、絶対に、お互い気が合うだとか、いい印象は持てないだろうと思った。(大学生・女子)

- 今まで、授業で話を聞くだけで異文化コミュニケーションを理解していましたが、今日、自分たちが実際に異文化になってほかの文化と交流するシチュエーションを体験したことで、相手の文化を理解していないとコミュニケーションをとるのは本当にむずかしいと感じました。相手の行動の一つ一つが自分たちとは全く違う文化であるため、嫌われているとか、避けられているというような不快感を持ってしまった。異文化は理解し合うことが大切だとあらためて感じました。(大学生・女子)

- サイダネシアの人びとが現れると、大きく違った文化にとまどい、"こわい"などの感情さえ出てしまった。しかし、実際には、相手も仲よく、楽しくやろうと、文化に沿った礼儀行動だったのだ。もし、知らずにそのままだったら、大きな誤解やすれ違いを生み出してしまうと感じた。文化によって考え方や礼儀も違うということを常に心に留めていなくてはいけないと思いました。(大学生・女子)

- 私は、サイダネシアの人間だったけれど、ラムネシアの人たちに会ったときはとても驚きました!しかし、よく考えてみると、ラムネシアの人たちは精いっぱいやってくれていたわけで、文化の違いというものが、身に染みてわかりました。(大学生・女子)

- たった5分、2つの文化に分かれて話しただけで、それまで一緒にいて落ちつく人たちが全く別人の絡みづらい人になって、とまどった。異文化コミュニケーションは、常にこういった自分とは違う価値観をもった人とかかわるということであり、自分の考え方によって変わるということがわかった。(大学生・女子)

- 今日やったシミュレーションは、2か国とも豊かな国なのに、本当に違うなと思った。精いっぱいやっているつもりでも、なかなか伝わらないという点では、

とても身近に異文化を感じられたような気がして、すばらしい貴重な体験でした。(大学生・女子)

●文化の習慣というものは、そう簡単にはほかの文化と共有できるものではないと感じた。お互いが自分の文化を尊重しすぎても関係は平行線のままである。時には受け入れる、ということも大切だとつくづく実感した。(大学生・女子)

●異文化のゲームを10分ほどやっただけなのに、その後も違うグループの子たちが少し遠い存在になった気がしました。(大学生・女子)

対象	所要時間	タイミング
こども（中高生） おとな（学生/社会人）	1.5〜3 時間	本編
	実施人数 5〜35人（1グループは5人以上）	

実施すると効果的な場合
- 多様化する日本の職場問題を体験し、どう対応するかを考えたいとき
  （言語と非言語によるコミュニケーション・スタイルの違い、雇用形態の違い、価値観の違い、文化の違い、宗教の違いなど）
- 大学生は、就職してから起こりうる問題を体験し、多様性対応力を養いたいとき
- 外国人は、日本で働くうえでどのような問題があるか体験し、日本で働く対応力を養いたいとき

4. 宇宙への旅

〜このアクティビティのねらい〜
- 活発な意見交換をする練習
- 協調的なコンフリクト解決に向けての練習

【注】「宇宙への旅」の著作権は日下啓、勝又恵理子、日下倫子、八代京子、深山敏郎の5名に帰属しています。このシミュレーションを実施する際に必要なワークシート等のご購入は、以下にご連絡ください。
　　　atommandcompany@gmail.com

* **ファシリテーター**　5人（メイン 1人、サブ 4人）
* **スペース**　5室（全員が入れる大きさ 1室、受講者の1/5が入れる大きさ 4室）
  ※6〜7グループの場合、1教室に2グループ入ってもらいます。その場合、2グループが入る大きさの教室になります。
* **テーブル・机と椅子の配置**　スクール形式→島型形式（机なし、5人）→スクール形式→島型形式（机なし、5人）→スクール形式
* **必要なもの**
  ・名札×人数分
  ・教室名の張り紙（役割とグループ番号を明記）×5室分

4. 宇宙への旅

* **シート** （※以下は例がpp.133-136にあります）
・「シミュレーションの説明書」×人数分
・「役割シート」（役ごとに紙の色を変える）×それぞれの人数分
・「振り返りシート」×人数分

* **事前準備**　ワークシートから各種シート、名札、教室名の張り紙を印刷する

* **時間割例**

13:30	●導入
	・名札、シミュレーションの説明書を配布
13:35	・シミュレーションの説明
13:50	〈移動〉
13:55	●本番
	・役割シートを配布して、役のなりきり練習
14:20	〈移動〉
14:25	・1回目のロールプレイ
14:45	〈休憩〉
15:00	・二重関心モデルの説明
15:10	〈移動〉
15:15	・2回目のロールプレイ
15:35	〈移動〉
15:40	●振り返り
	・感想の発表、質疑応答、まとめ
16:20	・振り返りシートの記入
16:30	終了

* **やり方**
導入

❶ 受講者全員にシミュレーションの説明書と名札を配布します。（5分）

・名札や役割シートなど、必要な準備を事前にしっかりとやっておくことがシミュレーションを成功させるポイントです！
・事前に受講者がわかる場合は、役割をこちらで決めておくとよいでしょう。
・その場で役割を決める場合は、受講者が着席してから、サブ・ファシリテーターが役割を決めます。
・人数が5の倍数でないときは、2人で1役を担当してもらいます。

❷ メイン・ファシリテーターは、受講者全員に、シミュレーションゲームの流れとシナリオを説明します。（15分）

- 教室がいくつか確保されている場合は、教室の移動があることを伝え、速やかに移動してもらうようにします。
- シナリオの内容を全員に理解してもらうために、1人のファシリテーターがシナリオを読み上げます。
- メインで使用する教室を全員が集まる場所にし、メイン・ファシリテーターが担当します。サブ・ファシリテーターはほかの教室を担当します。

本番

❸ 受講者には名札に記載されている役割の教室に移動し、その人物の役作りの練習をしてもらいます。
「これから役のなりきり練習をしてもらいます。担当する役の名前は名札に書いてあります。それでは担当するファシリテーターの誘導する教室に移動してください。」
移動が済んだら、役割シートを配ります。　　　　　　　　　　（25分）

- 移動する際は、ファシリテーターが各教室に速やかに誘導してください。
- 各役割にメイン・ファシリテーターまたはサブ・ファシリテーターがついて練習をします。
- メイン・ファシリテーターまたはサブ・ファシリテーターは各役割シートの内容を声に出して読み、全員が内容を理解するようにします。
- 自分は与えられた役とは全く違う人間だと思っても、とまどわず、はずかしがらずに役になりきるように伝えます。
- 役になりきれるように何回も練習をしてもらいます。
- 次の1回目のロールプレイで、役の主張をしっかりとすることがとても重要であることを説明します。

4. 宇宙への旅

❹ 役のなりきり練習後、名札に書いてあるグループ番号の教室に移動し、1回目のロールプレイを行ないます。このグループにはシナリオに登場する人物5人が集結します。それぞれの思いや意見をほかの登場人物にぶつけて主張してもらいます。（20分）

- ファシリテーターの合図で指定されたグループの教室に移動します。移動が速やかにいくように誘導してください。
- 移動する前に役割シートを回収します。そして、ほかの役割の人に自分の役の説明をしないように伝えます。
- 自分の役になりきって、主張するように伝えます。
- 最終目的である協調的解決に向け、自分以外の役割の人たちの主張をしっかりと聴いておくことがとても重要であることを説明します。
- メイン・ファシリテーターとサブ・ファシリテーターは各グループをまわって、ロールプレイをそっと見守ります。不必要な口出しはしないようにします。

❺ 1回目のロールプレイ終了後、受講者全員がメインの教室に再び集まります。サブ・ファシリテーター（1人）が二重関心モデルと「win-win」の協調の説明をします。（10分）

- 1回目のロールプレイではそれぞれが主張していましたが、次に行なう2回目のロールプレイでは「win-win」を目指して話し合いをするよう伝えます。
- 3時間かけてこのシミュレーションをやる場合は、1回目のロールプレイ後に15分ほど休憩をとることをお勧めします。

❻ 再度、1回目のロールプレイと同じグループに分かれ、2回目のロールプレイを行ないます。今回は各グループで「win-win」への解決方法を求めてもらいます。（20分）

- 2回目のロールプレイも、1回目のロールプレイを行なったのと同じ教室に移動するように指示します。速やかに移動するように誘導します。
- ここでも、自分の役の説明をしないように伝えます。

- メイン・ファシリテーターおよびサブ・ファシリテーターは各グループの2回目のロールプレイを見守ります。

振り返り

❼ 再び受講者全員がメインの教室に集まり、振り返りを行ないます。感想、意見や気づいた点などを語ってもらいます。メイン・ファシリテーターとサブ・ファシリテーターもコメントを言います。（40分）

- 感想やコメントは全員に話してもらうようにするため、振り返りには十分な時間を確保します。
- メイン・ファシリテーターは、シミュレーションの開始時点に戻り、役作りから、1回目のロールプレイ、2回目のロールプレイとそれぞれ順番に話を聞いていきます。
- 役作りについての感想やコメントを全員に言ってもらいます。
- 1回目、2回目のロールプレイについても各グループ、または全員に話してもらいます。
- メイン・ファシリテーターとサブ・ファシリテーターからも、気づいたことなどをコメントします。
- メイン・ファシリテーターは、最初に意見を言い合い、相手の言うことをしっかりと聴くことで「win-win」が生まれることを説明します。
- 自分とは違う役になりきることに葛藤があったかもしれないけれども、そこから違う立場の人の考えや気持ちなどを学べることを伝えます。

❽ シミュレーションの評価（振り返りシート）を書いてもらいます。
（10分）

- 無記名にすることにより、正直な意見を聞くことができ、今後の参考になります。

4. 宇宙への旅

シミュレーションの説明書の例

宇宙への旅

目的： 「プロジェクトの期限は近づいているぞ。チームのメンバーはばらばらではないか？ どうしたらコミュニケーションがよくなる？」

①舞台：日本にある日本企業、某ゲームソフト開発会社、営業開発部EU担当チーム

②登場人物5人：
1. 榊原【日本人、24歳、社歴2年】
2. マクガイア(McGuire)【アメリカ人、29歳、社歴3年、米国支社から2年の任期で社内業務研修の一環として来日、駐在4か月目】
3. 吉田【日本人、27歳、社歴3年、脚が不自由で車椅子】
4. 金子【日本人、31歳、社歴5年、契約社員】
5. スラットノ(Suratno)または ナビラ(Nabila)【インドネシア人、28歳、社歴6年、インドネシア支社から2年の任期で社内業務研修の一環として来日、駐在6か月目】

③シナリオ：
　若年層だけでなく、中高年層までも楽しむことのできるゲームソフト「宇宙への旅」がほぼ完成の域に達した。1年後にはマーケット投入が期待されている。
　営業開発部長の長谷川は、国内販売開始とほぼ同時に海外への販売を計画した。部内の北米担当チームと、EU担当チームにそれぞれ担当地域での販売を推進するための計画を早急に立案することを命じた。
　両チームを統括するのは営業開発部販売企画リーダーの木村である。木村の人選でプロジェクトチームが結成された。EU担当チームに所属するのは5人、榊原、マクガイア、吉田、金子、スラットノ/ナビラ。5人の英語のレベルは異なるが、英語で業務ができるメンバーが選ばれた…

役割シートの例

役割①　榊原(さかきばら)のプロフィール

国籍：日本
年齢：24歳
社歴：2年
　　︙

榊原の主張

1．このプロジェクトが会社にとってどれだけ大切なものか、チームのみんな、ことに、マクガイアさん、吉田さん、金子さんの3人はちゃんとわかっているのだろうか。
2．プロジェクト推進のために、これまでの自分の仕事をどう整理したうえでプロジェクトに臨むのか、各自が十分に考えるべきなのに、あの3人はあいかわらずこれまでの仕事にどっぷりとつかっているとしか思えない…

役割②　マクガイア(McGuire)のプロフィール

国籍：米国
年齢：29歳
社歴：3年
　　　米国支社から2年の任期で社内業務研修の一環として来日(駐在4か月目)
　　︙

マクガイア(McGuire)の主張

1．いつも自分の知らないところで物事が決められ、進められていくようで、不快だ。
2．どうして肝心なことを日本語だけで話すのか。大学で日本語クラスを1年半(3学期分)受講したので、ある程度の日本語はできるが、まだ自分の日本語はうまくないから英語だけで会議をしてほしい。内容がむずかしくなると日本人はすぐ日本語で話し始める。あとで説明してくれるとか、だれかが通訳してくれるなど考えてくれないと参加できない…

役割③ 吉田のプロフィール

国籍：日本
年齢：27歳
社歴：3年
　　　：

吉田の主張

1. なぜ社歴が浅く、経験も少ない榊原さんが音頭をとって進めようとしているのか、だれがそのように決めたのか。
2. 私はマクガイアさんやスラットノ／ナビラさんと一緒に仕事をしたことがない。アメリカ人とインドネシア人の共同プロジェクト推進は、あまり自信はないが確かにチャレンジングである...

役割④ 金子のプロフィール

国籍：日本
年齢：31歳
社歴：5年
　　　：

金子の主張

1. マクガイアさんとは気が合うので、共同プロジェクト参加も一緒ならば問題ないと思うが、なぜ榊原が音頭をとるのか納得がいかない。
2. 契約社員である私は、このプロジェクトを成功させる手助けをできたとしても、昇任も、昇給もしない。そんなインセンティブなしのプロジェクトに前向きに取り組むことは困難だ。このプロジェクトでよい仕事ができたら契約ではなく、正社員にしてもらいたい。そうじゃないとモチベーションが上がらない...

第4部

> **役割⑤　スラットノ(Suratno)/ ナビラ(Nabila)のプロフィール**
>
> 国籍：インドネシア
> 年齢：28歳
> 社歴：6年
> 　　　インドネシア支社から2年の任期で社内業務研修の一環として単身赴任中(駐在6か月目)
> 　⋮
>
> **スラットノ(Suratno) / ナビラ(Nabila)の主張**
>
> 1．私は日本で経験することすべてが勉強だと思っている。郷に入っては郷に従え、ということわざどおりに、日本人のやり方を尊重していくつもりだ。
> 2．今回は、木村リーダーが、自分の経験を積ませるために、プロジェクトチームのメンバーに入れてくれた。私はそのあたりはよく理解しているので、ほかの4人の決定には従おうと思う。同時に、ノンジャパニーズ＆イスラム教徒としての意見も期待されていると思うので、必要な場面では、意見を述べるつもりだ...

振り返りシートの例

> ### 「宇宙への旅」　振り返りシート
>
> シミュレーションに関し、ご意見をお聞かせください。各設問に対して5段階評価をお願いいたします。最後に、ご自由にご感想、ご意見をお書き下さい。
>
> | 1　全くそう思わない　　2　あまりそう思わない　　3　どちらとも言えない |
> | 4　そう思う　　　　　　5　強くそう思う |
>
> （1）　シミュレーションは楽しかった　　　　　　　　　1　2　3　4　5
> （2）　テーマは興味深かった　　　　　　　　　　　　　1　2　3　4　5

受講者の感想(日本語で行なったとき)

●自分と全く異なる性格の役を演じるのはとてもむずかしく、新鮮でもありました。ただ、今回は最終的に合意にもっていけましたが、実際の社会において、どうしても協調が無理そうな状況に遭遇したときは、はたして自分はどうすべきであるのかということも考えさせられました。(大学生)

●今回で2回目でした。1回目は英語でやりましたが、そのときに出ていた結果と、今回出た結果が大きく異なったことに驚きました。前回はスラットノさんがリーダーになるという話で決着したのですが、今回、スラットノさん役をやってみたら違う結果が出たので、どのように自分が他人にアプローチするかで結果も変わることを知りました。(大学生)

●私がやったマクガイアさんは自己主張の強いアメリカ人で年齢も上ということで、それを表に出すタイプだったのですが、自分自身の性格とはほど遠い役になりきるのがむずかしかったです。ほかのチームでマクガイアさんをリーダーにしたところがありましたが、私のチームでは日本語が完璧でないマクガイアさんにリーダーを任せるという選択肢はそもそも出なかったので、チームによって結論が大きく違っておもしろいなと思いました。(大学生)

●1回目のロールプレイでは、自分の意見を押し通すほうがむずかしかったが、現実的には、ありえる話だと思った。意見の食い違いではお互いの本当の気持ちや希望を知らないことには、協調のレベルにはいかないという話がとても納得できた。日本人の場合は特に相手の意見に耳を傾けるということは意識しやすいと思うが、はっきりと主張することも大事だ。そのことをあらためて意識させられる機会となった。(大学生)

●ロールプレイの重要な点は、自分を捨てることだと思っています。役作りのために、どんな人になるか、その人の性格とか個性がわからないとロールプレイが完璧にできないと思いました。(大学生)

●実際にビジネスの場でありえそうなシチュエーションで、将来に向けてとても役立つと感じた。初めのロールプレイでは自由に金子さんとしての意見を主張したが、次のロールプレイでは協調を意識して話を進めたところ、だいぶ状況が丸く収まった。異文化理解には、意識の改革が大切なことをあらためて感じた。(大学生)

受講者の感想（英語で行なったとき）

- 就職先が決まったので、これから先このような状況が必ず発生するだろうな、という危機感とともに真剣に取り組めた。このような状況の中で受け身でいるのではなく、協調へ導くことが積極的にできる人材になりたいと強く思った。（大学生）

- 楽しかったです。やる前は自分がいちばんタフな役回りだと思っていましたが、終わってみると皆がそれぞれたいへんな思いで演じていたとわかりました。今回のシミュレーションはただのシミュレーション以上に意味があり深いものでした。自分が将来似たような異文化の中で仕事をするときにきっと役立つと思いました。（大学生）

- 役になりきることはとてもむずかしく、自分の人柄ではない役で人に接することにとても違和感があった。しかし、ロールプレイをすることで、それぞれが持っている不満を理解すると同時に、自分の役の気持ちを理解しながら演じることができたと感じた。多様な文化の中で働くことはむずかしいが、その中でもおもしろさがあると思った。（大学生）

- おもしろかったです。ハンディキャップのある人、外国人、共に可能性がたくさんあることに気づきました。国籍、身体的条件にかかわらず、個人の力が存分に発揮できる社会になるよう努めるべきなのですね。（社会人）

- マクガイア役でした。メンバーで顔を合わせたとたん、強いマクガイアを演じることに抵抗を感じました。年上の方もいましたし、今日初めてお会いした方もいたので、遠慮もありました。（社会人）

- I really like this simulation! It really reflects a serious or real situation. This is a good simulation to make people know how to face a particular situation. Everyone should try this simulation. （留学生・大学生）

- It's so FUN! This is the first time for me to participate in a simulation like this. It was an enjoyable, effective, and interesting activity to build our leadership and professionalism. I realize we have to make all of the members confront and make decisions. （留学生・大学生）

- It was my second time to do this simulation, but the conclusions were different. I realized that even if we get the same information, the ways of negotiation and communication are different. It is important to express my opinion and listen to others in order to reach a deal.（留学生・大学生）

👤The workshop was great! It gave every attendee an opportunity to experience communication and negotiation with a team of diverse people.（外国人・社会人）

対象	所要時間 4〜5時間 (1時間×4、5回にしてもよい)	タイミング 本編
おとな（学生/社会人）	実施人数　8〜40人	

実施すると効果的な場合
- 文化背景の異なる人びとで構成されたプロジェクト・チームでの協働がうまくいっていないとき
- 海外赴任に不安を持っている社員のための赴任前研修
- 多様性対応にとまどいと抵抗感がある社会人の研修

5. エコトノス日本語短縮版

〜このアクティビティのねらい〜
- 文化の違いがどのように日常の行動に現われるか体験する
- 文化の違いを把握したうえで、どう自分の意図を伝えていくか試行しながらスキルを習得する
- 意見の対立をどのように調整し、全員でよい対立解消を目指すかを疑似体験から学ぶ

【注】「エコトノス(Ecotonos)」の著作権はDianne Hofner Saphiereに帰属しています。このシミュレーションを実施する際は、まず、Nipporica Associates作成の*Ecotonos Kit*を以下に注文してご購入ください。

dianne@culturaldetective.com

このキットは英語ですが、日本語の文化ルールシートと課題シートが含まれています。オリジナルはインハウストレーニング（企業内のトレーナーによる研修）用で、全コース約50時間を想定していますが、用途に合うように編集することができます。

ここでは異文化コミュニケーション学会分科会が訳し編集したものに筆者がさらに手を加えた日本語短縮版を、オリジナルを作成したDianne Hofner Saphiereの許可を得て紹介します。オリジナルの要素を凝縮した内容になっています。

＊ファシリテーター　3人（メイン 1人、サブ 2人）

5. エコトノス日本語短縮版

* **スペース** 3室(全員が入れる大きさ 1室、受講者の1/3が入れる大きさ 2室)
* **テーブル・机と椅子の配置**
  スクール形式→(教室X)オープンスペース、(教室Y)無秩序、(教室Z)会議形式→島型形式
* **必要なもの**
  ・プロセスマップ用の模造紙×3枚
  ・6色カラーペン×3セット
  ・アクションプランを書くための紙×3枚
  ・XYZと表記したバッジ×人数分
* **シート**
  ・「文化ルールシート」×それぞれの人数分(p.148参照)
  XYZ3種類の文化集団用のシートです。価値観、言語表現、対立解決方法、意思決定方法、感情表現の仕方などのルールが明記されています。
  ・「課題シート」×人数分(p.149参照)
  集団が組織として解決しなければならない課題と解決案が明記されています。課題は3種類ありますが、1回に使用するのは1種類の課題シートだけです。
* **事前準備**
  ・「グループ配分表」の作成
  受講者をXYZ3つの文化集団にどのように配分するか、国際会議への移動前と移動後の人数を記したシートを用意します。国際会議の構成が3文化同人数、2文化多数対少数、2文化同数などグループダイナミックスに変化が生じるよう配慮します。

  受講者が40名の場合の例

		教室			
		X	Y	Z	
文化集団	X	5	5	5	15
	Y	5	10		15
	Z	5		5	10
		15	15	10	計40

  ・「文化ルールシート」の作成
  ・「課題シート」の作成
  ・バッジの作成

＊時間割例

13：30	●導入
13：45	●本番
	・文化ルール学習
	・標語作成
	・課題実行
15：00	〈休憩・移動〉
15：10	・国際会議
15：45	・プロセスマップ作り
16：25	〈休憩〉
16：30	●振り返り
17：00	・アクションプラン
17：20	・Q&Aとまとめ
17：30	終了

＊やり方

導入

❶ シミュレーションの目的、アウトラインを説明します。(10分)

 ・初対面の人どうしを対象に行なう場合は、第2部で紹介しているウォームアップ・アクティビティを実施してからにします。

❷ 受講者を3つの文化集団XYZに分け、それぞれの教室に移動してもらいます。どのように分けるかは事前にファシリテーターが決めておきます。各教室に1人のファシリテーターを配置します。(5分)

 ・ファシリテーターは、該当集団のバッジを配り、見えるところに付けてもらいます。

本番

❸ ファシリテーターは該当する文化ルールシートを配り、声を出して読み合わせをします。そして、全員で価値観、言語表現、感情表現の仕方を練習してもらいます。(20分)

- このとき話題として「趣味」「好きなこと」などを選び、文化ルールシートに明記されたルールを守りながら練習します。初めのうちはファシリテーターが話し方の模範を示しましょう。

❹ ファシリテーターは、当該集団を最も的確に表わす「標語」の作成を命じます。全員で文化ルール、すなわち、価値観、言語表現、対立解決方法、意思決定方法、感情表現の仕方を守りながら話し合ってもらいます。（20分）

- ファシリテーターは話し合いには加わりませんが、文化ルールを守るよう適宜注意を促します。与えられた時間をフルに活用しコミュニケーションすることが肝心です。時間厳守で進行させましょう。さもないと、ほかのグループとうまく連動できなくなり、混乱します。

❺ 次に、ファシリテーターは課題シートを配布します。3種類の課題のなかから1つの課題を選び、各教室で全集団同じ課題を話し合ってもらいます。まず、課題と解決案を読み合わせします。続いて話し合いをして結論を出してもらいます。（30分）

- 時間のある間は話し合いを継続するよう指導します。簡単に結論を出すのではなく、あらゆる可能性を考慮し、熟慮するよう注意します。
- ファシリテーターは話し合いには加わりませんが、文化ルールを守るよう適宜注意を促します。時間厳守で進行させましょう。さもないと、ほかのグループとうまく連動できなくなり、混乱します。

❻ 時間が来たら話し合いを終了します。次は国際会議への出席になると伝えます。議題は今話し合った課題と同じです。そのままその教室に残る人と、別の2つの教室に移動する人を自分たちで決めてもらいます。文化ルールシートはファシリテーターが回収し、受講者は課題シートだけ持って行きます。（5分）

- どの教室に何人行くか、その教室に何人残るかはグループの大きさやメンバーの多様性などを考慮して事前に決めておく必要があります（事

前準備参照)。「この教室に残る人○人、教室Xに行く人△人、教室Yに行く人□人です。はい、立候補OKですよ。」と快活に指示します。

❼ ここで休憩をとりますが、休憩中は集団内でどのような話し合いをしたか、ほかの文化集団に話さないよう注意します。シートも見せてはいけません。休憩後は選択した教室に移動するよう指示します。（10分）

・休憩中は自分に戻りますが、休憩後は役に戻るよう注意します。国際会議では文化を代表して参加していることを忘れることなく、自分であることも捨てないようにとアドバイスします。

❽ 休憩前に決めた教室に行き、国際会議に参加してもらいます。ファシリテーターは議題と会議の終了時間（通常30分後）を伝達し、会議を受講者にゆだねます。（30〜40分）

・会議の間、ファシリテーターはXYZ各教室を巡回し、文化ルールが守られながら進行しているかチェックします。

❾ ファシリテーターは終了時間が来たら強制的に終了させます。そして、全員大きな教室に戻り、一緒に国際会議を行なったグループで1つのテーブルを囲んですわってもらいます。ファシリテーターは、国際会議で何が起きたか、どのように進展したかを話し合い、その結果を模造紙にプロセスマップとしてまとめるよう促します。まず、頭にある疑問、心にひっかかる違和感など出し合い、お互いに文化ルールを説明し合ってもらいます。それからマップに取りかかります。（40〜50分）

・ファシリテーターは各テーブルに、模造紙1枚とカラーペンのセットを配ります。
・ことばだけでなく、表、フローチャート、イラストなどを使い、まとめてもらいましょう。テーブルをまわり、適宜アドバイスをします。

5. エコトノス日本語短縮版

⓾ 休憩をとります。（5分）

振り返り

⓫ 振り返りを始めます。まず、シミュレーションを開始した時点まで記憶を戻してもらいます。各教室に分かれてから文化ルールシートを渡され、最初に「標語」作り、次に課題をしていたときの思考、感情、行動、その理由などを開示してもらいます。XYZそれぞれの文化集団に発言してもらいます。（10分）

- ファシリテーターは各発言を受け止め、パラフレーズしたり、明確化を求めたりはしますが、決して評価したり、批判したりはしません。各自が気兼ねなく発言できるようリードします。受講者からはルールに対するとまどい、ルールに従って行動することへの抵抗感、ルールに従って行動したときの新感覚、意外と通常とは異なる言動を楽しんでいる自分に驚きを覚えたなどの自己発見が表明されることが期待されます。

⓬ 国際会議になってから各自が体験した思考、感情、行動を、背景となった状況や理由と共に述べてもらいます。（5分）

- 相手に対するとまどい、不快感、いらだち、怒り、あきらめ、焦りなどの感情とその理由が述べられることが期待されます。
- 相手も自分と同じように不安や不快、焦りを感じていたけれども、原因や理由に違いがあること、相手の気持ちに理解や配慮がなかったことに気づいてもらいます。

⓭ 国際会議の経緯をより詳細に把握するために、それぞれの国際会議グループに、作成したプロセスマップを使って、具体的に発表してもらいます。（15～20分）

- ファシリテーターは具体的にどのような発言、行動、考えがあったのかを引き出します。どのようにしたらよりよいコミュニケーションが

できたのかと問いかけましょう。

⓮ 国際会議をより相互理解と信頼に結びつくように持っていくためには、各自どのような心構え、事前準備、現場での対応が必要かを、国際会議グループで話し合い、具体的なアクションプラン10項目を発表してもらいます。（20分）

・ファシリテーターは、各テーブルに1枚、アクションプランを書くための紙を配ります。
・抽象的な提案ではなく、できるだけ具体的な提案をするよう促します。

> アクションプラン例
> 1．事前に相手の文化について学習する
> 2．会議の目的を確認する
> 3．まず、議事項目や日程を協議する
> 4．まず、意思決定の方法を合意する
> 5．わからないことがあったら、価値判断を保留して説明を求める

⓯ このシミュレーションから何を学んだか、どのような発見があったか、これからの仕事や生活にどう活かしていくか、各自簡単に発表してもらいます。また、質問があれば受けて答えます。そして、ファシリテーターからのまとめと、積極的にアクティビティに参加してもらったことに対するお礼を述べます。（10分）

・ファシリテーターも楽しく一緒に学べたことを伝えましょう。

フォローアップについて

　フォローアップとして、エコトノスを2回、3回と重ねて体験してもらうことが望まれます。1回目で作成したアクションプランを、2回目で実践してもらいます。1回目にX文化だった人は2回目にはY文化に属してもらうというように、文化集団を変えて行なうとよいでしょう。受講者が学生の場合には、課題1の歓

迎会企画がよいでしょう。
　また、フォローアップのワークショップでは、アサーティブコミュニケーション、コーチング、問題解決のコミュニケーションなど、個々のスキルを習得するトレーニングを行なうとよいでしょう。

文化ルールシート例

X文化

価値観

　あなたにとって時間は一分一秒もむだにできない貴重なもの。特に話し合いでは物事を能率よく進める人、率直で、論理的に議論ができる行動派の人が評価されます。対等な人間関係を好み、全員ファーストネームあるいはニックネームで呼び合います。………

言語表現（話し方と聞き方）

　発言したいときに、いつでも発言できる自由があります。自分の主張を能率よく伝えるために、大声でかつ早口で話します。結論を先に述べ、「なぜなら」を頻繁に使います。会話のテンポが速く、発言には「間」がほとんどありません。………

対立解決方法

　意見の違いは前向きで創造的なものと考えます。議論を通し、相手と意見を戦わせるというチャレンジを楽しみます。基本的にはどのような問題にも「最も合理的で正しいアプローチが１つある」と考えています。………

意思決定方法

　どのような会議でも、多数決で必ず会議中になんらかの意思決定がなされます。正確な意思決定よりも迅速な意思決定を尊びます。………

感情表現の仕方／ボディーランゲージ

　話すときは必ず相手の目を見て話します。反論する際は、その相手をしっかり見ます。相手を説得したいときには、その相手になるべく近づき、手や腕に触れたり、肩に手をかけたりして誠実さと熱意を強調します。………

課題シート例

課題は次の3種類ありますが、どの課題を選択するかは事前に決めておきます。
　課題1：文化背景が多様な新入社員の歓迎会の内容を決めること。
　課題2：工場の建設地を決めること。
　課題3：組織の新しいディレクターを決めること。

以下は課題3の例です。

課題
ディレクター選び

　あなたが勤めている団体IEE（International Education Exchange　国際教育交流会）では、今度、新しいディレクターを選ぶことになりました。今回は立て直しの一策としてさまざまな文化、立場の人を集めて、人事諮問委員会を作りました。あなたもその一員です。

　この数年IEEは寄付金や融資、補助金がままならず財政状態が緊迫し、重要なプログラムの縮小を余儀なくされています。今回、IEEを活気のある機構にするためには新しいリーダーを見つけ、IEEが今までその評判を築き上げてきたプログラムを再開、発展させなければなりません。

　そこで全社人事諮問委員会では以下の3人に候補を絞りましたが、あなたの所属するグループの人事諮問委員会では、候補者をさらに絞らなくてはなりません。………

第4部

プロセスマップの例

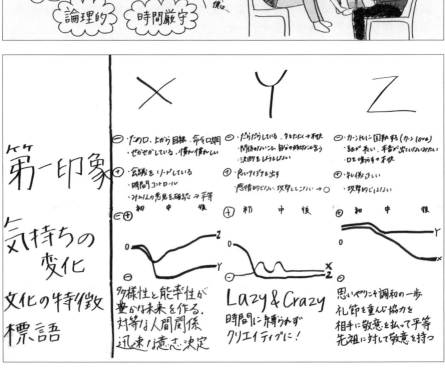

シミュレーション実施後のチェックリスト

◆次の質問にYESと答えられるか、チェックを入れてください。チェックが入らない項目は、次回の実施に活かします。

1．手法
- [ ] マニュアルをよく読み、そのとおりに行ないましたか？
- [ ] 説明は、受講者の理解できるものでしたか？
- [ ] 受講者のレベルに合った内容でしたか？

2．ワークショップの目的
- [ ] なんのために行なうのか、受講者に伝わりましたか？
- [ ] 最後には、受講者はすっきりした気持ちに戻りましたか？

3．ファシリテーター
- [ ] ファシリテーターは、シミュレーションに参加したことがありますか？
- [ ] ファシリテーターは、類似のシミュレーションをファシリテートしたことがありますか？
- [ ] アシスタント(サブ・ファシリテーター)は、ある程度経験があり、ファシリテーターの意図をよく理解していましたか？

◆以上すべてがYESなのに、期待どおりの結果が得られなかった場合は、次の項目をチェックしてください。

- [ ] 自分の気持ちの揺れに対して、泣いたり、怒ったり、複雑な反応をする人がいた。

    極端に敏感な感情を抱く人にとっては、シミュレーションがつらい体験になることがあります。隠れた心の悩みが出てきたり、過去のトラウマがよみがえったりすることがあります。そのような場合は、全体に影響を与えてしまうので、アシスタントに頼んで、その人を静かに別室に連れて行って心を落ちつかせてもらうことが必要な場合もあります。

- [ ] 混乱したまま、あるいは、しらけたままの人が大半を占めた。

    説明をよく聴いていなかった、何をしていいのか理解していなかった、と

いうときに起こります。受講者の好奇心が高まっているか、説明を理解しているか、よく確かめてから開始してください。やる気がない受講者を相手にするときは、気分を盛り上げるために、シミュレーションに入る前に十分ウォームアップをしましょう。

- [ ] 受講者数が多すぎた。

    シミュレーションが楽にできるのは、多くて50人前後です。100人を超えると、混乱してうまくできない場合があります。受講者は、シミュレーションごとに決められている人数を超えていませんでしたか？

- [ ] 時間が足りなかった。

    時間が十分でないと、体験が中途半端に終わってしまいます。また、必要以上に急がせてはいませんでしたか？

- [ ] 振り返りであまり意見が出なかった。

    適切な質問をしましたか？ 各人の声を取り上げましたか？ ファシリテーターが説明をしすぎていませんでしたか？

参考

> A simulation is not always a game; not all games are simulations.
> シミュレーションは、いつもゲームとはかぎらない。すべてのゲームがシミュレーションというわけでもない。

◆アクティブラーニングでよく使われるシミュレーションやそれに類似したゲームを、種類別に分けてみました。

1．カードゲーム（Card Games）、ボードゲーム（Board Games）
指示に従ってプレイする。ほかの受講者が受けている指示内容やルールの違いを知らされていないことがある。特別のやり方で得点したり減点されたりすることもある。
　　例「バーンガ（Barnga）」

2．製作ゲーム（Construction Games）
与えられた材料を使ってなんらかの物を実際に作り出す。その成果は、お互いに了解済みの基準によることもあれば、隠された秘密の基準によることもある。
　　例「ワカジャリー（Wakajary）」「貿易ゲーム（The Trading Game）」「ロケット（Rocket）」

3．創作ゲーム（Production Games）
スローガン、標語、格言、ルール、エクササイズなど、なにかを考え出す。その成果は、お互いに了解済みの基準によることもあれば、隠された秘密の基準によることもある。
　　例「エコトノス（Ecotonos）」「レインボー・ミッション（Rainbow Mission）」

4．得点ゲーム（Maximum Number Games）
制限時間のなかでできるだけ多くの物を集めたり、作ったりする。競争的な状況が作り出されることが多くなる。
　　例「スターパワー（StarPower）」「バファバファ（BaFá BaFá）」「クスクス（Couscous）」

5．交流ゲーム（Interaction Games）
なんらかのタスクを与えられ、それをもとに交流する。

例「ラムネシア・サイダネシア（Lemonesia & Cydernesia）」「バファバファ（BaFá BaFá）」「クスクス（Couscous）」「バルーンバ文化を探れ（Outside Expert）」「国際会議のコーヒーブレイク」「エコトノス（Ecotonos）」「レインボー・ミッション（Rainbow Mission）」「ホステージ・クライシス（Hostage Crisis）」「エーリス星の宝を探せ」

6．観察ゲーム（Observation Games）
アクションなどを観察して、それぞれの感じたことを伝え合う。
例「アルバトロス（Albatross）」

7．言語ゲーム（Language Games）
ことばの使い方やコミュニケーション・スタイルの違いを体験する。
例「バック・トゥ・バック（Back to Back）」「ダウトファイヤー（Doubtfire）」

◆上記をテーマ別に分類したものが、以下の表です。それぞれのシミュレーションゲームには、1つ、あるいは複数のテーマがあります。何を使うかは、ワークショップの目的に沿って選びます。

テーマ	異文化シミュレーションの名前
意思決定	「エコトノス」
問題解決・交渉	「ホステージ・クライシス」「エコトノス」「宇宙への旅」「ロケット」
リーダーシップ	「スターパワー」
チームビルディング	「ワカジャリー」「宇宙への旅」「ロケット」
ステレオタイプ	「エーリス星の宝を探せ」
カルチャーショック	「バーンガ」「バファバファ」「クスクス」「ラムネシア・サイダネシア」「国際会議のコーヒーブレイク」「エコトノス」
差別	「貿易ゲーム」「ワカジャリー」
世界観・価値観	「バルーンバ文化を探れ」「レインボー・ミッション」「アルバトロス」「ダウトファイヤー」「エコトノス」「宇宙への旅」「ロケット」「バック・トゥ・バック」

参考文献

青木安輝（2006）『解決志向の実践マネジメント——問題にとらわれず、解決へ向かうことに焦点をあてる』河出書房新社.

石井敏・岡部朗一・久米昭元（著), 古田暁（監修）(1996)『異文化コミュニケーション——新・国際人への条件（改訂版）』(有斐閣選書) 有斐閣.

岩井俊憲（2016）『人を育てるアドラー心理学——最強のチームはどう作られるのか』青春出版社.

エムナー, ルネ（著), 尾上明代（訳）(2007)『ドラマセラピーのプロセス・技法・上演——演じることから現実へ』北大路書房. (Emunah, Renée (1994) *Acting for Real: Drama Therapy Process, Technique, and Performance.* New York: Brunner/Mazel)

尾上明代（2006）『心ひらくドラマセラピー——自分を表現すればコミュニケーションはもっとうまくいく』河出書房新社.

開発教育協会・神奈川県国際交流協会（2006）『新・貿易ゲーム——経済のグローバル化を考える（改訂版）』開発教育協会.

絹川友梨（2017）『インプロワークショップの進め方——ファシリテーターの考えること』晩成書房.

日下啓（2011）『海外駐在力——成功を導くための実例34』文芸社.

渋谷実希・勝又恵理子・古谷知子・前川志津・森幸穂（2018）『プレゼンテーションの基本——協働学習で学ぶスピーチ——型にはまるな、異なれ！』凡人社.

鈴木有香（2017）『人と組織を強くする交渉力——あらゆる紛争をWin-Winで解決するコンフリクト・マネジメント入門（第3版）』自由国民社.

鈴木有香・久保田真弓（2017）「科目『協調的交渉論』の教育的意義 『ディープ・アクティブラーニング』の視点から」関西大学総合情報学部紀要『情報研究』第46号, pp.41-69.

高良聖（2013）『サイコドラマの技法——基礎・理論・実践』岩崎学術出版社.

中土井僚（2014）『人と組織の問題を劇的に解決するU理論入門』PHPエディターズ・グループ.

西田司・西田ひろ子・津田幸男・水田園子（1989）『国際人間関係論』聖文社.

林吉郎・八木龍平（2011）『本当の自分がわかる6眼心理テスト』創元社.

バンニャイ, イシュトバン（2005）『ズーム』復刊ドットコム. (Banyai, Istvan (1998) *Zoom.* New York: Puffin Books)

バンニャイ, イシュトバン（2005）『リズーム』復刊ドットコム. (Banyai, Istvan (1998) *Re-Zoom.* New York: Puffin Books)

参考文献

堀公俊（2015）『問題解決フレームワーク大全』日本経済新聞出版社.

松尾貴司（1991）「ゲームシミュレーションによる異文化の体験」『愛知淑徳短期大学研究紀要』第30号, pp.239-249.

松下佳代・京都大学高等教育研究開発推進センター（編著）（2015）『ディープ・アクティブラーニング――大学授業を深化させるために』勁草書房.

溝上慎一（2014）『アクティブラーニングと教授学習パラダイムの転換』東信堂.

深山敏郎（2016）『レジリエンス（折れない心）の具体的な高め方――個人・チーム・組織』セルバ出版.

モーガン, アリス（著）, 小森康永・上田牧子（訳）（2003）『ナラティヴ・セラピーって何？』金剛出版. (Morgan, Alice (2000) *What is Narrative Therapy?: An Easy-to-read Introduction*. Adelaide, South Australia: Dulwich Centre Publication)

森田ゆり（2000）『多様性トレーニング・ガイド――人権啓発参加型学習の理論と実践』解放出版社.

八島智子・久保田真弓（2012）『異文化コミュニケーション論――グローバル・マインドとローカル・アフェクト』松柏社.

八代京子（監修）, 鈴木有香（著）（2004）『交渉とミディエーション――協調的問題解決のためのコミュニケーション』三修社.

八代京子・荒木晶子・樋口容視子・山本志都・コミサロフ喜美（2001）『異文化コミュニケーション・ワークブック』三修社.

八代京子・吉田友子・鈴木有香（2008）「企業が求める異文化コミュニケーション能力」『文部科学省私立大学学術研究高度化推進事業　学術フロンティア推進事業「行動中心複言語学習プロジェクト」2008年度研究活動報告書』慶應義塾大学外国語教育センター.

八代京子・町惠理子・小池浩子・吉田友子（2009）『異文化トレーニング――ボーダレス社会を生きる（改訂版）』三修社.

山口真（2013）『1年中飾れるかわいい折り紙オーナメント――日常生活を彩る、楽しく作るユニット折り紙』ソシム.

山崎啓支（2011）『NLPの実践手法がわかる本』（実務入門）日本能率協会マネジメントセンター.

山本志都（2001）「異文化コミュニケーション教育におけるシミュレーション・ゲームの導入――『レインボー・ミッション』の実習と学習分析」『異文化コミュニケーション』No. 4, pp.91-114, 異文化コミュニケーション学会.

吉村竜児（2006）『即興（インプロ）の技術――ここ一番でアガらない――直感力が高まる』日本実業出版社.

参考文献

Bailey, Sally Dorothy (1993) *Wings to Fly: Bringing Theater Arts to Students with Special Needs*. Rockville, MD: Woodbine House.

Barnlund, Dean C. (1970) "A Transactional Model of Communication." In Johnnye Akin, Alvin Goldberg, Gail Myers & Joseph Stewart (Eds.) *Language Behavior: A Book of Readings in Communication*. pp.43-61. The Hague: Mouton.

Bennis, Warren (2009) *On Becoming a Leader* (20th Anniversary Ed.). New York: Basic Books.

Bohm, David (1996) *On Dialogue*. London: Routledge. (ボーム, デヴィッド（著), 金井真弓（訳）(2007)『ダイアローグ――対立から共生へ、議論から対話へ』英治出版)

Brislin, Richard W. & Yoshida, Tomoko (1994) *An Intercultural Communication Training: An Introduction*. Thousand Oaks, CA: Sage Publications.

Buckingham, Marcus (2005) *The One Thing You Need to Know: ... About Great Managing, Great Leading and Sustained Individual Success*. New York: Free Press. (バッキンガム, マーカス（著), 加賀山卓朗（訳）(2006)『最高のリーダー、マネジャーがいつも考えているたったひとつのこと』日本経済新聞社)

Davies, Alison (2015) *Be Your Own Fairy Tale: Working with Storytelling for Positive Life Change*. London: Watkins.

Denborough, David (2014) *Retelling the Stories of Our Lives: Everyday Narrative Therapy to Draw Inspiration and Transform Experience*. New York: W.W. Norton. (デンボロウ, デイヴィッド（著), 小森康永・奥野光（訳）(2016)『ふだん使いのナラティヴ・セラピー――人生のストーリーを語り直し、希望を呼び戻す』北大路書房)

Edwards, Betty (1987) *Drawing on the Artist Within: An Inspirational and Practical Guide to Increasing Your Creative Powers*. New York: Simon & Schuster. (エドワーズ, ベティ（著), 高橋早苗（訳）(2014)『内なる創造性を引きだせ』河出書房新社)

Edwards, Betty (2012) *Drawing on the Right Side of the Brain* (Definitive, 4th Ed.). New York: Jeremy P. Tarcher/Penguin. (エドワーズ, ベティ（著), 野中邦子（訳）(2013)『決定版　脳の右側で描け（第4版)』河出書房新社)

Fowler, Sandra. M. & Pusch, Margaret D. (2010) "Intercultural Simulation Games: A Review (of the United States and Beyond)." *Simulation & Gaming*, 41 (1), pp. 94-115.

Gochenour, Theodore (1993) "The Albatros." In Theodore Gochenour (Ed.),

参考文献

Beyond Experience: The Experiential Approach to Cross-Cultural Education (2nd Ed.). pp.119-127. Yarmouth, ME: Intercultural Press.

Goodman, Diane J. (2011) *Promoting Diversity and Social Justice: Educating People from Privileged Groups* (2nd Ed.). New York: Routledge.（グッドマン，ダイアン J.（著），出口真紀子（監訳），田辺希久子（訳）（2017）『真のダイバーシティをめざして——特権に無自覚なマジョリティのための社会的公正教育』上智大学出版）

Hirshorn, Jessica (2010). *Rocket: A Simulation on International Teamwork*. Boston: Intercultural Press.

Jennings, Sue (1998) *Introduction to Dramatherapy: Theater & Healing: Adrian's Ball of Thread*. London: Jessica Kingsley.

Kennedy, Moorhead, Keys, Martha M. & Myrin Institute (1988) *Hostage Crisis: A Curriculum Unit with Text and Simulation*. New York: Myrin Institute.

Landy, Robert J. (1994) *Drama Therapy: Concepts, Theories and Practices* (2nd Ed.). Springfield, IL: Charles C. Thomas.

Meyer, Erin (2014) *The Culture Map: Breaking Through the Invisible Boundaries of Global Business*. New York: PublicAffairs.（メイヤー，エリン（著），田岡恵（監訳），樋口武志（訳）（2015）『異文化理解力——相手と自分の真意がわかるビジネスパーソン必須の教養』英治出版）

Pedersen, Paul (2000) *A Handbook for Developing Multicultural Awareness* (3rd Ed.). Alexandria, VA: American Counseling Association.

Scharmer, C. Otto (2016) *Theory U: Leading from the Future as It Emerges* (2nd Ed.). San Fracisco: Berrett-Koehler.（シャーマー，C. オットー（著），中土井僚・由佐美加子（訳）（2017）『U理論——過去や偏見にとらわれず、本当に必要な「変化」を生み出す技術（第2版）』英治出版）

Sharma, Robin (1998) *Leadership Wisdom from the Monk Who Sold His Ferrari: the 8 Rituals of Visionary Leaders*. Toronto: HarperCollins.（シャーマ，ロビン（著），北沢和彦（訳）（2010）『幸せなリーダーになる8つの習慣』ダイヤモンド社）

Thiagarajan, Sivasailam & Steinwachs, Barbara (1990) *Barnga: A Simulation Game on Cultural Clashes*. Yarmouth, ME: Intercultural Press.

Thiagarajan, Sivasailam & Thiagarajan, Raja (2006) *Barnga: A Simulation Game on Cultural Clashes* (25th Anniversary Ed.). Boston: Intercultural Press.

Thomas, Kenneth W. (1976) "Conflict and Conflict Management." In Marvin

D. Dunnette (Ed.), *Handbook of Industrial and Organizational Psychology*. pp.889-935. Chicago: Rand McNally.

Ting-Toomey, Stella & Chung, Leeva C. (2012) *Understanding Intercultural Communication* (2nd Ed.). New York: Oxford University Press.

Weeks, William H., Pedersen, Paul B. & Brislin, Richard W. (1979) *A Manual of Structured Experiences for Cross-Cultural Learning*. Yarmouth, ME: Intercultural Press.

一般社団法人 日本経済団体連合会「2018年度　新卒採用に関するアンケート調査結果」
　　https://www.keidanren.or.jp/policy/2018/110.pdf　（2019年2月19日確認）

エンバイト「『2015年に身につけたい能力・知識』について」
　　https://hb.en-japan.com/enquetereport/report_1412/　（2019年2月20日確認）

京極朋彦ダンス企画
　　http://kyo59solo.blogspot.com　（2019年3月11日確認）

ドラマセラピーでハッピー「ドラマセラピーとは」
　　http://www13.plala.or.jp/dt/B1.html　（2019年2月28日確認）

日本クリエイティブ・アーツセラピー学会（JCATA）
　　http://www.jcata.org　（2019年2月28日確認）

表現アートセラピー研究所「表現アートセラピーとは」
　　http://www.hyogen-art.com/wordpress/expressiveartherapy/　（2019年2月28日確認）

ほいくジョブ「ナラティブ・アプローチとナラティブ・セラピーの役割」
　　https://hoiku-job.net/column/hoikushi_job/3211　（2019年2月28日確認）

マインドインスパイア「イメージトレーニングで成功する！方法の詳細」
　　http://mindinspire.co.jp/succeed-with-image-training/　（2019年2月28日確認）

Christian Aid "The trading game"
　　https://www.christianaid.org.uk/schools/trading-game　（2019年2月28日確認）

Jon Wilkerson Speaker & Trainer
　　https://jonwilkerson.com　（2019年3月11日確認）

Simulation Training Systems "StarPower – Leadership – Use/Abuse of Power"
　　https://www.simulationtrainingsystems.com/corporate/products/starpower/　（2019年2月28日確認）

Simulation Training Systems "StarPower – Use & Abuse of Power, Leadership & Diversity"
　　https://www.simulationtrainingsystems.com/schools-and-charities/products/starpower/　（2019年2月28日確認）

参考文献

Simulation Training Systems "BaFá BaFá – Cross Culture/Diversity for Business"
https://www.simulationtrainingsystems.com/corporate/products/bafa-bafa/ （2019年2月28日確認）

Simulation Training Systems "BaFá BaFá – Culture/Diversity for Schools & Charities"
https://www.simulationtrainingsystems.com/schools-and-charities/products/bafa- bafa/ （2019年2月28日確認）

編著者紹介

編著

八代京子(やしろ きょうこ)：第1部、第3部1 3、第4部1 2 5

麗澤大学名誉教授。異文化コミュニケーション学会シニアフェロー。異文化コンサルタントとして企業、公益団体等で異文化コミュニケーション研修、海外赴任前研修、トランジションおよびレジリエンス・セミナーを行なっている。国際基督教大学大学院博士課程後期単位修得後退学。主な著書は『異文化トレーニング』『異文化コミュニケーション・ワークブック』『多文化社会の人間関係力』『日本語教師のための異文化理解とコミュニケーションスキル』(いずれも三修社)。

共同執筆

樋口容視子(ひぐち よしこ)：第1部、第2部、第3部4、第4部3

アイデアマラソン研究所副所長。異文化コミュニケーション学会運営委員。異文化コンサルタントとして企業、官庁で異文化研修を行なうほか、国際基督教大学、麗澤大学などでも教えた。大阪外国語大学(現大阪大学)卒業。米国アンティオーク大学院異文化関係学修士取得。北陸先端科学技術大学院大学博士後期課程知識科学研究科在籍中。国際NLPトレーナー。主な著書に『海外生活事典』(共著、実業之日本社)、『異文化コミュニケーション・ワークブック』(共著、三修社)、『海外生活・暮らしを楽しむ英会話』(三修社)、訳書にシェリー・コーエン『テンダーパワー』(共同通信社)、などがある。

日下啓(くさか あきら)：第1部、第3部5

異文化トレーナー、ビジネスコンサルタント、エグゼクティブコーチ。異文化コミュニケーション学会役員。40年余の航空会社勤務での計18年の海外駐在経験を活かし、企業相手に異文化研修、ビジネス研修、エグゼクティブコーチングを実施している。また、不定期ながら諸大学で特別講師として異文化、ビジネス関連の研修・ワークショップも実施。東京外国語大学スペイン語学科でBA、上智大学院でMBA取得。著書に『海外駐在力』(文芸社)。

勝又恵理子(かつまた えりこ)：第3部2、第4部4

青山学院大学国際政治経済学部国際コミュニケーション学科准教授。異文化コミュニケーション学会副会長。研究領域は、異文化コミュニケーション、異文化トレーニング、多文化教育、教員養成、プレゼンテーション。教室内で体験できる異文化理解を目指している。クレアモント大学院大学&サンディエゴ州立大学大学院教育学科博士課程修了 (Ph.D. in Education)。主な著書は『Intercultural Communication: A Reader』(共著、Wadsworth Cengage Learning)、『協働学習で学ぶスピーチ』(共著、凡人社)。

アクティブラーニングで学ぶコミュニケーション

2019年4月26日　初版発行

編著者●八代　京子（やしろ　きょうこ）
著　者●樋口容視子（ひぐち　よしこ）
　　　　日下　　啓（くさか　あきら）
　　　　勝又恵理子（かつまた　えりこ）

KENKYUSHA
〈検印省略〉

Copyright © 2019 by Kyoko Yashiro, Yoshiko Higuchi,
Akira Kusaka, Eriko Katsumata

発行者●吉田尚志
発行所●株式会社　研究社
　　　〒102-8152 東京都千代田区富士見2-11-3
　　　　電話　営業 03-3288-7777（代）　　編集 03-3288-7711（代）
　　　　振替　00150-9-26710
　　　　http://www.kenkyusha.co.jp/

本文組版・デザイン●株式会社　明昌堂
印刷所●研究社印刷株式会社

ISBN 978-4-327-37746-5　C1036　　Printed in Japan

本書の無断複写（コピー）は著作権法上での例外を除き、禁じられています。
また、私的使用以外のいかなる電子的複製行為も一切認められておりません。
落丁本・乱丁本はお取り替えいたします。ただし、古書店で購入したものについてはお取り
替えできません。